国民の底意地の悪さが、
日本経済低迷の元凶

加谷珪一

GS
幻冬舎新書
641

「どのような心理的性向があれば、
体系に安定がもたらされるのか（中略）、
こうしたことに考えをめぐらせてみるのは
有益なことである」

（J・M・ケインズ）

はじめに

日本は便利で治安が良く、長生きできる国だというのは多くの人が認識していると思います。筆者は時々、仕事や観光などで外国に行くことがありますが、日本に帰ってくるたびにそれを実感します。

一方で、便利な社会ではあるものの、生活が息苦しいという感覚も多くの人が共有しているのではないでしょうか。常に他人の目を恐れ、自由に行動ができなかったり、会社の人間関係がとても憂鬱であったり、あるいは強い立場の人だけが利益を得て、弱い立場の人が泣き寝入りを強いられたりしています。

こうした社会の息苦しさをもたらす要因のひとつとして考えられるのが、近年、急速に進んできた日本の国際的な地位低下です。日本は過去30年間、ほぼゼロ成長という状況が続く一方、諸外国は経済規模を1・5倍から2倍に拡大させました。相対的に日本は貧しくなっており、徐々に私たちの生活を圧迫しつつあります。

日本ではこの30年間、実質賃金がまったくといってよいほど上がっていませんし、貧困に陥る人も増えてきました。経済的に苦しくなれば、精神的にも余裕がなくなるのは当然の結果といってよいかもしれません。しかしながら、日本の衰退が進んでいるとはいえ、現時点ではそれなりの経済規模がありますから、経済的な問題だけが理由とは思えません。私たちの生活を息苦しくしている最大の要因は、他人に対する誹謗中傷やバッシングに代表される日本特有の社会風潮でしょう。

日本ではネット上の発言に対して常軌を逸した誹謗中傷が行われたり、ベビーカーを押している母親に「邪魔だ」と言って暴力が振るわれたりするなど、先進諸外国ではあり得ない光景を目にするケースが少なくありません。

秋篠宮家の長女眞子さんと小室圭さんに対するバッシングや、SNSの誹謗中傷によって自殺に追い込まれたプロレスラー木村花さんのケースはその最たるものでしょう。

皇族は日本の象徴とも言うべき存在ですから、多くの日本人が皇族に対して「こうあって欲しい」という理想像を持っていると思います。眞子さんと小室さんの結婚についてもいろいろな意見があることでしょう。しかしながら、皇族とはいえ一人の人間ですし、ましてや眞子さんは結婚によって皇室を離れる人です。そのような人に対して、犯罪レベルの誹謗中傷が延々と行われるというのはどう考えても異常です。

木村さんもプロレスラーという職業ですし、テレビにも出演しているわけですから、ある程度の批判やバッシングを受けることは覚悟していたはずです。しかし木村さんに対して行われていた誹謗中傷はそのようなレベルで済まされるものではありませんでした。

この2つのケースは著名人が対象であり、一般的に著名人は強者と見なされています。しかし、安易に反論や訴訟ができないという立場でもありますから、部分的には弱者と言い換えることも可能です。ベビーカーを押す人への暴言や暴行の多くは女性に対してであり、こうした暴力的、抑圧的な行為というのは、立場が弱い人に向けられます。

ニュースで取り上げられることはほとんどありませんが、企業社会や地域社会、学校などにおいても、同じような行為が日常的に行われており、これが日本社会特有の息苦しさを形成しています。こうした社会風潮は以前から指摘されていたことではありますが、新型コロナウイルスの感染拡大が拍車をかけた可能性は高いでしょう。

コロナ危機という国家の非常時に際して、政権幹部は国民の安全はそっちのけで利権の確保に走り、専門家による科学的な提言はほとんど無視されたあげく、国民に対する十分な支援も実施されませんでした。

ＰＣＲ検査拡大を主張する一部の医療専門家に対しては脅迫が行われ、感染がより深刻化した２０２１年８月には、重症患者とそのリスクが高い患者以外について医療機関での治療を事実上、放棄するなど、先進国としてはあり得ない状況まで事態は悪化したといってよいでしょう。

コロナ危機の最中に開催された２０２１年東京オリンピックでは、組織の不透明な体質が何度も指摘されていたにもかかわらず、改善されるどころか、差別発言でキーパーソンが連続辞任するという前代未聞のトラブルまで発生しました。

日本人はこれまで日本人自身について、礼儀正しく、マナーを守る国民であると考えてきたと思いますが、その幻想は一連の出来事によって完全に打ち砕かれたといってよいでしょう。あまりにも嘆かわしい事態が続いたことから、心が折れてしまった人もいるのではないかと思います。

コロナ危機という特殊要因があったとはいえ、感染症によって突然こうした風潮が生まれたわけではありません。もともと日本社会には、不寛容で抑圧的な文化が存在しており、それがコロナ危機をきっかけに、さらに激しくなったと考えた方が自然です。

世界を見渡せば貧困に苦しむ国がたくさんあり、貧しい国の社会は総じて不寛容です。

しかしG7に入る先進国でありながら、社会が過度に息苦しいというのは日本独特の環境としか思えません。社会環境というのは最終的には人間が作り出すものですから、こうした日本社会の特徴は、日本人の思考と行動に原因があると考えるのが適切でしょう。

本書は、日本人の一連の行動様式が、実は経済にも深刻な影響を与えているのではないかという問題意識で執筆したものです。

日本は戦後、驚異的な高度成長を実現しましたが、バブル崩壊以降、ほぼゼロ成長が続き、賃金は下がる一方となっています。経済の専門家の間では、なぜ日本が成長できなくなったのか様々な議論が行われてきました。

教科書的に解説すれば、バブル以降、日本が経済成長できなくなった最大の原因は、日本企業の多くがＩＴ化やグローバル化という世界経済の潮流を見誤り、輸出競争力を大きく低下させてしまったことです。しかしながら、英国や米国がそうであったように、豊かな先進国というのは、たとえ製造業がダメになっても、国内の消費市場を原動力に成長を持続することができます。日本の場合、製造業の競争力低下がそのまま低成長につながっており、消費主導で成長できない状態が続いています。

では、なぜ先進国の中で日本だけが国内消費で成長できないのでしょうか。筆者は日本人特有のマインドがその理由のひとつであると考えています。

経済学上、消費というのは消費者心理に大きく左右されることが分かっていますが、消費を拡大させる絶対的な法則というものは存在していません。基礎的な消費力は国ごとに違っており、それは国民性や社会環境に大きく依存しているのです。

日本は製造業の弱体化によって個人消費で成長する経済構造にシフトしましたが、個人消費というのは前向きなマインドがないと拡大しません。つまり日本社会の不寛容で抑圧的な風潮が個人消費を抑制している可能性が否定できないわけです。好調な輸出に支えられ、昭和の時代までは表面化していなかった日本人の特性が、輸出競争力の低下で顕在化したと考えれば分かりやすいでしょう。

ではなぜ日本人は不寛容で抑圧的なのでしょうか。

詳しくは本書で順次解説していきますが、それは日本人の性格が元来、ねじ曲がっていて意地悪だからではありません。

日本社会は表面的には近代化を達成しましたが、現実にはまだ前近代的ムラ社会の要素をたくさん残しています。近代的な経済システムと、社会のあちこちに残存している前近代的ムラ社会の制度がぶつかり合っており、このギャップが結果的に日本社会の不寛容さを生み出す元凶になっていると筆者は考えます。

日本社会の不寛容性が経済にどのような悪影響を及ぼしているのか、それがどこからやってきているのかについて分析するのが本書の主な狙いです。

本書は主に6つの章で構成されています。

第1章では、近年、数多く実施されるようになった国際比較調査の結果を元に、日本人の行動様式の特殊性について分析していきます。先進国の中で日本だけが特異な結果を示すケースは多く、日本人の立ち位置がよく理解できると思います。

第2章では、不寛容で意地悪な日本人のマインドは、日本人の道徳感の欠如に由来するものではなく、前近代的な要素を色濃く残す日本の社会制度が原因であることについて解説していきます。キーワードになるのは社会学におけるゲマインシャフトという概念です。社会学を通じて日本を眺めると、コロナ対策をめぐる政府のおかしな行動についてもある程度、説明することができます。

第3章では、日本人のマインドが経済に悪影響を及ぼしているのであれば、なぜ高度成長期には高い成長を実現できたのかについて解説します。バブル崩壊を経て、日本経済の構造が大きく変わったことの影響が大きいという現実がお分かりいただけるでしょう。

第4章では、経済学において消費がどう位置付けられているのか解説します。経済が成長するメカニズムを示し、消費がいかに大事な要素であるのか、そして最終的に消費を決めるのは経済政策ではなく、国民のマインドだということについてケインズなどを引き合いに議論していきます。このメカニズムが理解できると、過去30年間、どの政権でも成長を実現できなかった理由が見えてきます。

第5章では、日本社会は完全に近代化できていないのではないかという問いが、明治以降、何度も繰り返されてきた経緯について実例を交えて解説します。夏目漱石や渋沢栄一、丸山眞男、山本七平などの著作を読むと、同じ問題がずっと議論され続けていることが分かります。

第6章ではこれまでの議論を整理し、日本はどうすれば本当の意味で近代化を実現できるのか考えました。真の近代化が達成されれば、日本経済が持っている潜在力が100%発揮され、寛容で豊かな社会がやってくるでしょう。

日本社会は抑圧的で、一部に前近代的な面を残しているという筆者の主張に対しては、不快感を持つ人がいるかもしれません。しかし明治時代から100年以上にわたって多くの言論人が同じような指摘を繰り返しているということは、この命題が極めて重要であることを示唆しています。

そして、経済低迷の原因が国内の一部に残っている前近代性であるならば、私たちはこの問題について、もっと真剣に向き合う必要がありますし、そうした前向きな努力こそが、本当の意味で国を愛する態度だと筆者は考えます。

国民の底意地の悪さが、日本経済低迷の元凶／目次

図版・DTP 美創

第1章

日本人のマインドは特殊？

　自分が住む国が、諸外国と比較してどのような特徴を持っているのかについて知ることは、実は容易なことではありません。

　何となく、という感覚レベルの話であればイメージすることはできますが、あくまで勝手に想像したイメージに過ぎません。それならば、外国人に直接、尋ねればよいと思った方もいることでしょう。確かにこの方法は日本人の実像を知る有力な手段であり、実際、日本について語ることは、ひとつのキャラクターとして確立しています。

　しかしながら、これもあくまで個人の印象ですから、コンテンツとして面白いかどうかは別にして、客観性のある答えが得られるとは限りません。テレビ番組などには、いわゆる外国人タレント枠というものが存在しており、外から見た

　日本人の特徴について客観的に知るためには、同じ設問を複数の国民に対して投げかけ、その結果を取りまとめるという、いわゆる国際比較調査が必要となります。ところが国を跨《また》いだ調査というのはかなりの手間とコストがかかるため、そう簡単に実施できるものではありませんでした。

　こうした状況を大きく変えるきっかけとなったのがインターネットの普及です。

ネットの普及は、アンケート調査に革命をもたらしたとも言われていますが、国際比較調査にもまったく同じことが言えます。効率的に複数の国でアンケートを実施し、低コストでデータを取りまとめることが可能となったのです。

その結果、諸外国との比較が簡単にできるようになったわけですが、各種調査を通じてあらためて分かったことは、「日本の常識は世界の非常識」という現実でした。多くの国際比較調査において、日本人だけが突出して違う結果を示すケースが相次いでいるのです。

筆者は日本人の思考や行動様式が諸外国と比較して著しく異なっているとは思いませんが、相応の隔たりがあるのは間違いないと考えています。そして、こうした日本人的な思考や行動様式が日本経済の低迷と密接に関係しているとにらんでいます。

「自分に満足している」若者、米国の5分の1以下

先進諸外国と比較してもっとも隔たりがある分野のひとつは、幸福感についての認識でしょう。国連が毎年行っている、世界幸福度ランキングにおいて、日本は常にランキングの下位に位置しています。

2021年版における日本のランキングは56位となっており、ドイツ（13位）、英国

(17位)、米国(19位)などと比較するとかなり低い位置であることが分かります。ちなみに1位となったのはフィンランド、2位はデンマーク、3位はスイスでした(下図)。

単年だけでは何とも言えない部分がありますが、2020年における日本のランキングは62位、2019年のランキングは58位でした。5年前の2016年は53位、同一形式でのランキングが始まった2013年は43位でしたから、下位であることは変わらず、順位自体はむしろ下がっています(上図)。

ちなみに最下位はアフガニスタン(149位)ですから、日本の下にはまだたくさんの国があります。しかしながら、日本よりも順位が下の国の中に、いわゆる先進国と呼ばれる国はほとんど存在しませんし、多くの主要先進国が上位にランキングされていますから、日本の立ち位置が特殊であることはほぼ間違いありません。

では、このランキングはどのようにして算定されているのでしょうか。

基本的には、各国の国民に対して現在の生活に満足しているのかを尋ね、その結果を数値化したものと考えて差し支えありません。

より具体的に説明すると、米国の社会心理学者ハドレー・キャントリルが考案した「キャントリルの梯子《はしご》」と呼ばれる手法が用いられています。

世界幸福度ランキングにおける日本の順位

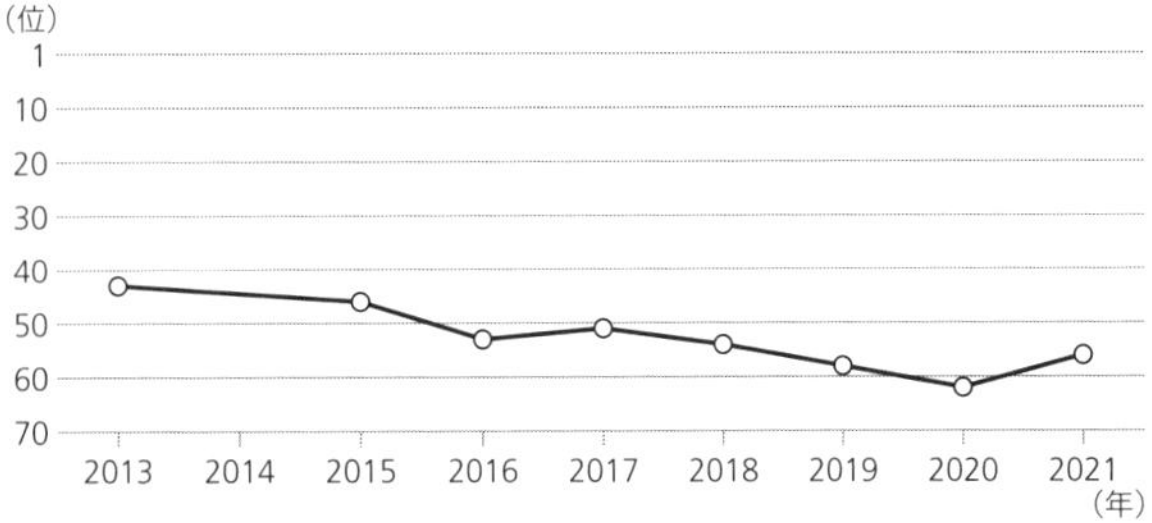

出所：国際連合

世界幸福度ランキング2021年の結果

1	フィンランド	21	フランス	41	パナマ
2	デンマーク	22	バーレーン	42	ウズベキスタン
3	スイス	23	マルタ	43	チリ
4	アイスランド	24	台湾	44	ポーランド
5	オランダ	25	UAE	45	カザフスタン
6	ノルウェー	26	サウジアラビア	46	ルーマニア
7	スウェーデン	27	スペイン	47	クウェート
8	ルクセンブルク	28	イタリア	48	セルビア
9	ニュージーランド	29	スロベニア	49	エルサルバドル
10	オーストリア	30	グアテマラ	50	モーリシャス
11	オーストラリア	31	ウルグアイ	51	ラトビア
12	イスラエル	32	シンガポール	52	コロンビア
13	ドイツ	33	コソボ	53	ハンガリー
14	カナダ	34	スロバキア	54	タイ
15	アイルランド	35	ブラジル	55	ニカラグア
16	コスタリカ	36	メキシコ	**56**	**日本**
17	英国	37	ジャマイカ	57	アルゼンチン
18	チェコ	38	リトアニア	58	ポルトガル
19	米国	39	キプロス	59	ホンジュラス
20	ベルギー	40	エストニア	60	クロアチア

出所：国際連合

これは考え得る最良の生活を10、最悪の生活を0とした合計11段階の梯子の中で、自分は今どこにいるのか回答してもらうというものです。自分がどう思うのかを聞く質問なので、自分が幸福だと感じる人が多ければ必然的にランキングは上がります。

また、得られた結果に対して、1人あたりのＧＤＰ（国内総生産）、社会的支援、健康寿命、人生の自由度、寛容さ、政府や社会に対する信頼度（腐敗の認識）などが、どう影響しているのかについても分析しています。これによって、どの項目が幸福度と相関性が高いのかが分かるという仕組みです。

繰り返しになりますが、この調査のポイントは、本人がどう感じているかです。

幸福度ランキングの結果はよくメディアでも紹介されますが、特にネット上では、「欧米中心の一方的な調査」「恣意的」「日本の幸福度がそんなに低いわけがない」などといった批判が飛び交っています。しかしながら、こうした指摘が的外れであることは明らかといってよいでしょう。なぜならばこの調査は、各国の国民が自国についてどう感じているのかを数値化したものであり、私たち自身の評価が結果に反映されているからです。

自己評価のレベルが国民によって異なるのは当然のことですが、自身が幸福であるかを決めるのは自分自身です。またアンケートの回答を誰かに見せて責められるといった可能性はゼロですから、アンケートではそれなりに本音を語っていると考えてよいでしょう。この調査結果を見る限り、日本人が自身を幸福と思っていないのは明らかです。

では、日本人の幸福度が低いのはなぜでしょうか。幸福度に影響する項目のうち、日本人のランキングが著しく低かったのは「人生の自由度」と「寛容さ」でした。日本の1人あたりGDPが大きいことや、平均寿命が長いことは明白であり、こうした項目での順位は高いですが、自由度や寛容さという点が足を引っ張っているのです。

この結果は多くの人にとって納得がいくものではないでしょうか。

日本は人生における選択肢の幅が狭く、あてがわれたレールに乗らないと、厳しい人生を余儀なくされます。近年、ネットの発達で可視化されましたが、他人に対する常軌を逸したバッシングが日常的に行われていることや、子ども連れの親やマイノリティに対するひどい対応など、日本社会が寛容でないことは明らかです。

似たような結果は、他の国際比較調査でも鮮明となっています。

２０１８年に内閣府が行った「我が国と諸外国の若者の意識に関する調査」によると、自分自身に対して満足しているかという問いに対して「そう思う」と回答した若者（13歳から29歳）の割合が日本は10・４％と7カ国でもっとも低い数値でした。満足度が一番高かったのは米国で57・9％となっていますが、日本の次に低かったスウェーデンでも30・8％ありますから、日本の若者の満足度はかなり低いと考えてよいでしょう。

ちなみに「自分の考えをはっきり相手に伝えることができる」と回答した日本人は13・8％で最下位、「うまくいくか分からないことにも積極的に取り組む」と回答した日本人は10・8％でやはり最下位でした。

仕事に対する自信、日本はインドより3割低い

自分の考えをはっきり伝えられなかったり、うまくいくか分からないことにチャレンジできないのは、周囲からのバッシングを恐れていることが原因と考えられます。日本では何か失敗すれば、周囲から激しく責め立てられますから、新しいことにチャレンジできず、結果として、自分自身に対する満足度も低くなっている様子がうかがえます。

最近はだいぶ雰囲気が変わってきたとも言われますが、基本的に日本の教育現場では児童生徒を褒めて伸ばすのではなく、ダメ出しで抑圧する方法が主流でした。

一部の教師は児童生徒に対して「お前はバカだ」「なんでそんなに頭が悪いんだ」と全否定するような叱り方を繰り返しています。ようやく学校を卒業して社会人になっても、

若手に対して抑圧的に振る舞う上司は多いですから、ますますマインドは萎縮します。こうした環境で積極性を育むのはかなり難しいと考えた方がよいでしょう。

ネットが普及したことで様々なことが可視化されてきましたが、ネットで配信される記事のコメント欄を見ると興味深いことが分かります。

日本では記事に対して意見を述べるのではなく、書いた人に対する凄まじいまでの誹謗中傷が延々と続くのは珍しいことではありませんが、その内容にはいくつかの明確なパターンが見られます。そのひとつが学校教育を起点とした表現です。

記事を書いた人物に対して、頭ごなしに「義務教育レベル以下」「小学校からやり直せ」「テストなら0点」「採点する気にもならない」など、あたかも自分が学校教師であるかのような言い回しをしているコメントがほぼ一定割合で必ず存在します。

日本ではペーパー試験の点数で完璧に順位が付けられてしまいますから、原則として相対評価となり、必然的に成績が上位だった人は限られてきます。割合としてはごくわずかしかいないはずの、かつての成績上位者だけが、ネットのコメント欄で暴言を吐いているとは思えませんから（中にはそのような人もいるでしょうが）、「テストなら0点」とバッシングしている人の中には、子ども時代、それほど勉強ができなかった人も多数、含まれている可能性が高いのではないでしょうか。

そのような人たちまでが、教師のような口調で、相手を「バカだ」「点数が悪い」と罵っているというのは異様な光景です。これは日本の教育環境がある種のトラウマになっている可能性を示唆する現象だと筆者は捉えていますが、こうした環境は当然のことながら学校内にとどまるものではありません。

日本の学校教育は、社会人になるための予備校のような存在であるとも言えます。こうした抑圧的なカルチャーは企業社会でより顕著になっていきますから、学校で抑圧的に教育しておかないと、企業に入ってから耐えられなくなるからです。

実際、世界22カ国のビジネスパーソンを対象とした調査では、仕事に対する自信が22カ国中もっとも低いという結果が出ています（図）。

ビジネス向け交流サイトを運営する米リンクトインは、世界22カ国のビジネスパーソンに対して、個人的な経済状況や仕事のチャンス、成功に対する自信などについてアンケート調査を行いましたが、日本は22カ国中もっとも順位が低いという結果が得られました。

一般的に経済成長が著しい国ほどビジネスパーソンはポジティブになりますから、1位がインド、2位がインドネシア、3位が中国になったことは想定の範囲内といってよいで

仕事のチャンス、成功に対する自信についてのランキング

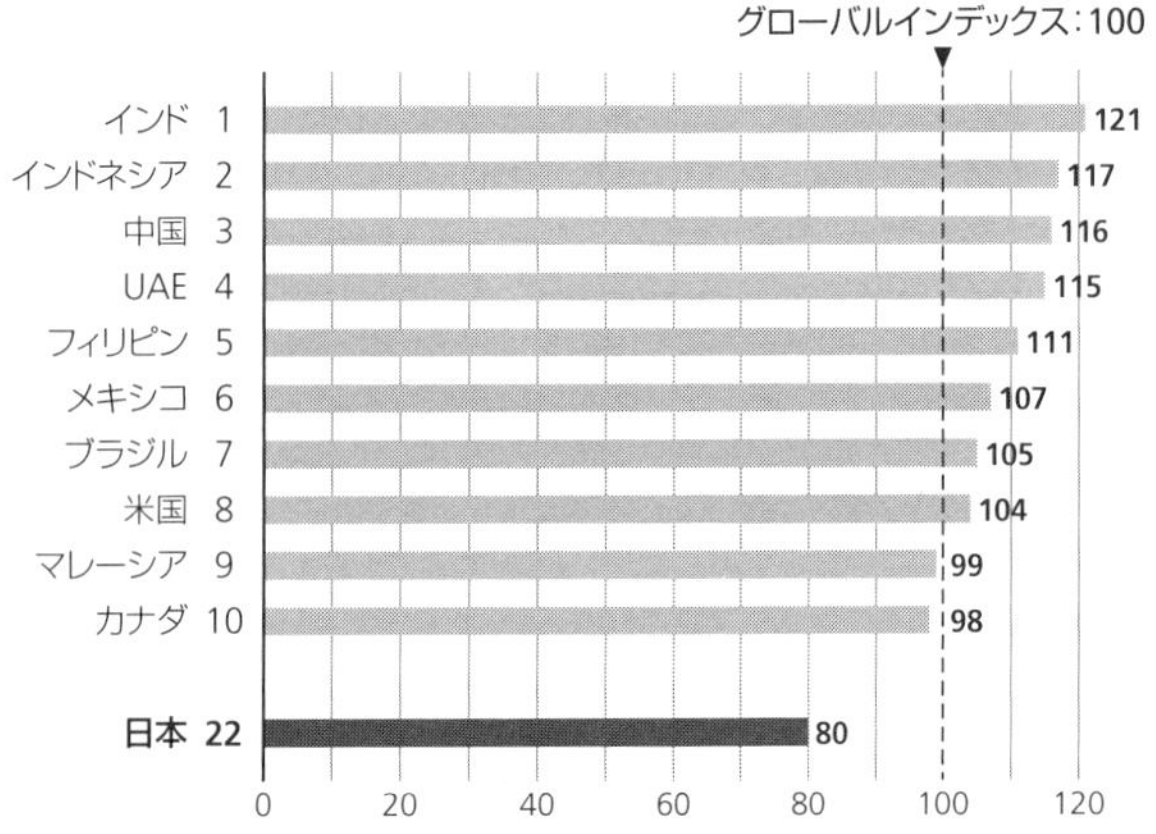

出所：リンクトイン

しょう。いわゆる先進諸外国の順位は相対的に低いのですが、その中でも日本の順位は最下位で、しかも次点との差が極めて大きいという特徴が見られます。

順位だけでなく、仕事に対する基本的な価値観について他国との隔たりを示す回答も多く、日本社会の特殊性がよく表れています。

例えば、経済的に成功する要因として、「一生懸命働く」というのが1位になっているのは日本も諸外国も同じですが、それ以外はだいぶ様子が異なります。

日本における2番目の要因は「幸運」となっており、3位は「社会が平等であること」でしたから、基本的に受動的です。一

「他人に迷惑をかけなければ、何をしようと個人の自由だ」
と考える人の割合

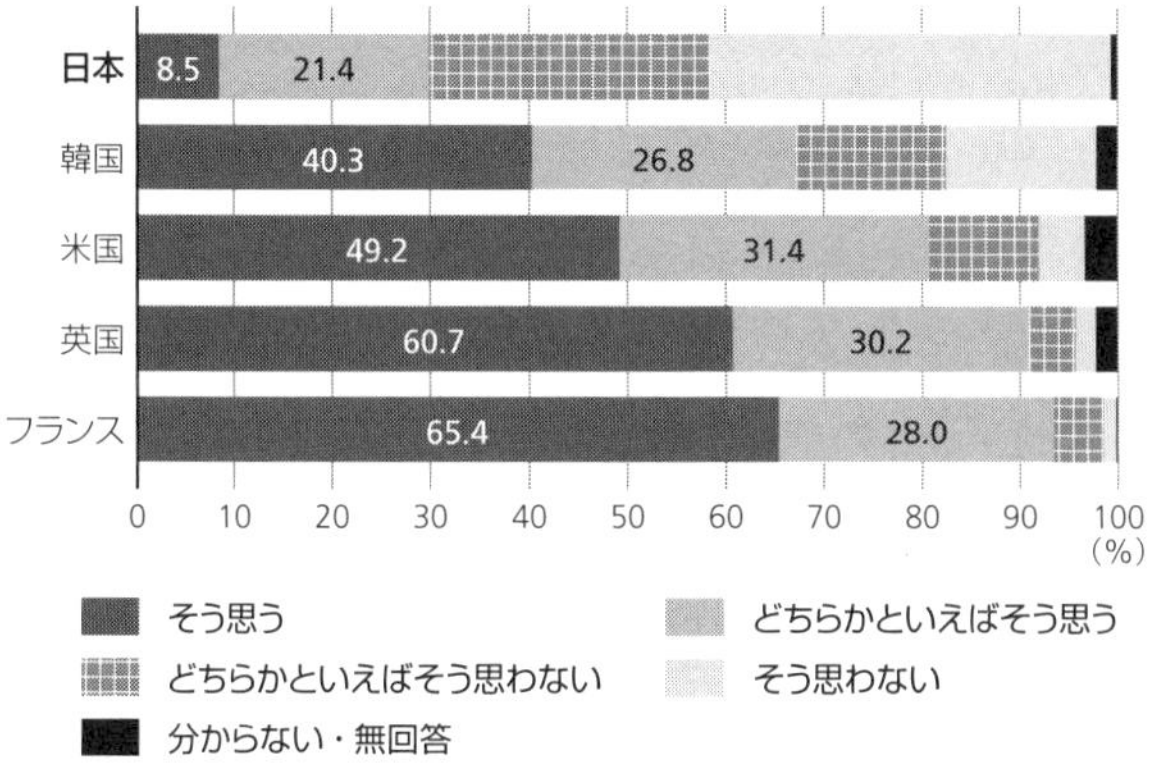

出所：内閣府「第8回世界青年意識調査」

方、諸外国では2位が「変化を喜んで受け入れる」、3位が「人とのつながり」となっていますから、かなり主体的であることが分かります。仕事に何を求めるのかという設問に対しても、諸外国では「好きなことをできる」を望む意見が2位ですが、日本ではこの項目は5位にしかなっていません。

日本人は社会が不平等で主体的に行動することが難しく、運が良くなければ成功できないと考えているわけですから、抑圧的で、自由が制限されていると見てよいでしょう。

ちなみに内閣府が2009年に公表した世界青年意識調査（18歳から24歳）では、

「他人に迷惑をかけなければ、何をしようと個人の自由だ」に「そう思う」と回答した日本人はわずか8・5%と、調査対象となった5カ国中、突出して低い数字でした（図）。

日本は民主国家ですから、基本的にルールを守っていれば行動は自由なはずですが、日本人自身は自由であると感じていません。その理由は、社会あるいは世間の目というものがあり、それが自身の精神や行動を束縛しているからです。ちなみに内閣府は2019年にも同様の調査結果を公表しており、数字は少し改善しましたが、「そう思う」と回答した日本人の比率はやはり諸外国中最低となっており、一方で「分からない」という回答をした人の比率は諸外国中もっとも高くなっていました。2019年の調査では、自分自身の力では判断できなくなっている様子がうかがえます。

自殺による若者の死亡率は独仏の2倍

世間の目が厳しく、ルールに従ってもバッシングされる可能性があるということになれば、極限まで追い込まれる人が出てきても不思議ではありません。

日本における10万人あたりの自殺者は18・5人となっており、英国（7・5人）、イタリア（6・6人）と比較するとかなり高い数値になっています。ただ、フランス（13・8

各国の自殺死亡率の比較

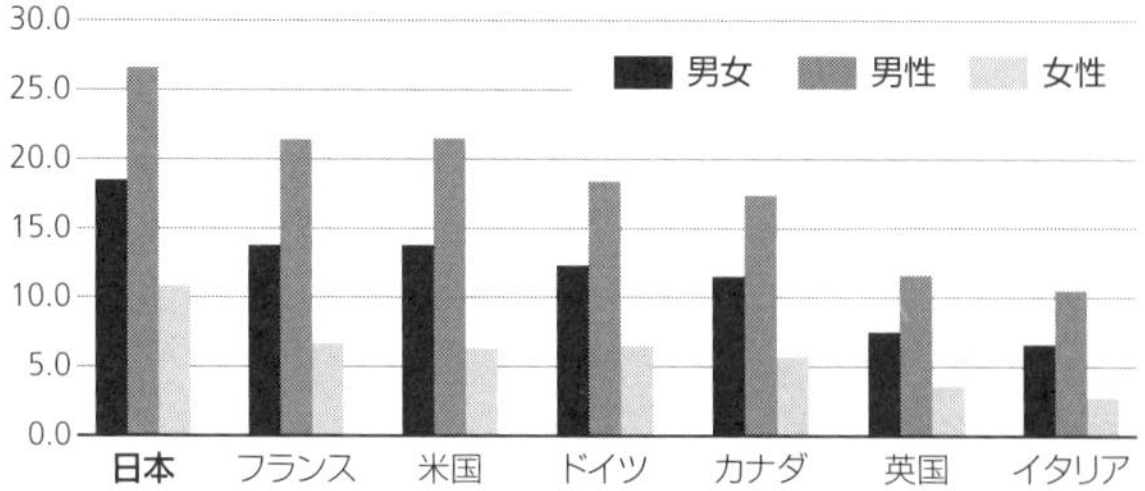

出所：令和元年版自殺対策白書

15歳から34歳における死因上位の比較

	日本		フランス		ドイツ		米国		英国	
	死因	死亡率	死因	死亡率	死因	死亡率	死因	死亡率	死因	死亡率
1位	**自殺**	**16.3**	事故	12.9	事故	9.0	事故	38.7	事故	15.3
2位	事故	6.4	**自殺**	**7.9**	**自殺**	**7.5**	**自殺**	**14.1**	**自殺**	**7.4**
3位	がん	5.1	その他	6.3	がん	5.4	殺人	10.9	がん	6.3

出所：令和元年版自殺対策白書

人）や米国（13・8人）もそれなりに高いですから、日本だけが突出して自殺が多いというわけではありません。

しかし、若者に目を転じてみると状況が変わってきます。

諸外国では15歳から34歳の世代における死因のトップは事故なのですが、何と日本では自殺がトップとなっています（下図）。

これは日本だけに見られる特殊な現象であり、若い世代が、少なくとも精神的な面において過酷な状況にあることが推察されます。精神的に劣悪な状況に置かれていることは、自殺の原因を見れば分かります。自殺の原因を見ると、全体としてもっとも多いのは健康問題なのですが、このうちの半分以上がうつなどの精神的なものとなっているのです。

より細かい原因が分かったケースでは、男性有職者の場合、10代では職場の人間関係、20代では仕事疲れ、30代ではうつ病が多くなっています。女性有職者の場合には10代、20代、30代ともうつ病がトップです。無職者の場合には、男女ともにうつ病がトップですが、これは仕事がうまくいかない結果としてうつになり、自殺に至った可能性が高いと思われます。

結局のところ、職場の人間関係など労働環境が極めて大きな影響を与えていることが分かります。

社会の自由度が低く、不寛容である場合、相対的に自由な行動を望む若者に大きなシワ寄せが行くことは容易に想像ができます。自殺の動向からも日本の特殊性が浮かび上がっているといってよいでしょう。

「自分が損しても、相手を陥れたい」と考える日本人

日本社会が不寛容であることは、学術的な調査研究でも明らかとなっています。

大阪大学社会経済研究所の西條辰義教授（現高知工科大学経済・マネジメント学群特任教授）らの研究によると、被験者に集団で公共財を作るゲームをしてもらったところ、日本人は米国人や中国人と比較して他人の足を引っ張る傾向が強いとの結果が得られたそうです。

この研究は被験者にゲームをしてもらい、公共財に投資をすると自分はその利益を得られる一方、公共財であることから相手にも利益があるという状況を想定し、被験者がどのような行動を取るのか確かめるというものです。

仮に相手が投資を行わなくても、自分が投資すれば自分は利益を得られますが、相手はその投資にタダ乗りしますから、何もせずに儲かることになります。こうした状況に遭遇した場合、被験者の行動は人によって大きく変わります。

相手がタダで利益を得ているといっても自分も儲かるので投資は行うという人と、相手がタダ乗りするのは許せないという感覚から、自分の利益が減っても、相手の利益をさらに減らそうとする人に分かれるのです。

自分の利益が減っても相手を陥れようとする行為を学術的にはスパイト（悪意、意地悪）行動と呼びますが、似たような実験を日本人、米国人、中国人に対して実施し、その結果を比較したところ、相手の利益をさらに減らそうとするスパイト行動は日本人に特に顕著だったことが明らかとなりました。

日本人は他人の足を引っ張る傾向が強いということですが、この実験ではさらに興味深い現象も導き出されています。

日本人は他国よりもスパイト行動が顕著なわけですが、この実験を繰り返していくと、他人の足を引っ張る行動が制裁として機能するようになり、徐々に協力的になっていくという結果が得られたのです。

日本人はよく他人の足を引っ張りますが、一方で、他人からの制裁を恐れ、過剰なまでに組織や上司に忠誠を誓うというケースもよく見られます。日本の長時間残業やサービス残業はその典型かもしれませんが、他人の足を引っ張る行動が、恐怖を生み出し、これが逆に組織の秩序をもたらしているわけです。

一連の実験結果は身近な感覚としてよく理解できるのではないでしょうか。

日本では何か新しい技術やビジネスが誕生するたびに声高な批判が寄せられ、スムーズに事業を展開できないことがほとんどです。その間に他国が一気にノウハウを蓄積してしまい、結局は他国にお金を払ってその技術やサービスを利用しているケースはザラにあります。無人機（ドローン）の業界はまさにその典型といってよいでしょう。

ドローンの市場は中国と米国の独壇場となっており、日本メーカーは手も足も出ません。日本政府が保有するドローンを精査したところ、ほとんどが中国製だったという安全保障上、笑えない話もあります。実際、中国製のドローンは低価格で、しかも日本製より圧倒的に高性能ですから、安全保障上のリスクがあっても、各省庁は中国製を採用していたというのが現実なのです。

しかしドローンが登場してきた当初は、この分野で圧倒的なシェアを握るのは日本企業だと考えられてきました。しかし日本企業は既存の技術にあぐらをかき、積極的なソフトウェア開発を行いませんでした。

ドローンのような製品は、実際に飛ばして改良を重ねることが大事ですが、日本国内では「危険だ」「あんなものはオモチャだ」といった感情的な反発が強く、実際に空を飛ばす実験は事実上、禁止された状態が長く続きました。この間に中国企業はあっという間に実力を蓄え、今では圧倒的なナンバーワンとなっています。

新しい技術に対して声高な批判が寄せられる意外な理由として考えられるのは、テクノロジーがもたらす利益です。一般的に新しいテクノロジーが普及すると、その技術を持っている人は多くの利益を得られます。つまり新しいテクノロジーが普及するたびに、それを得意とする誰かが大きな利益を得ているわけです。

日本人が他人の足を引っ張る傾向が顕著なのだとすると、新しいテクノロジーの普及で自身の生活が便利になったとしても、それ以上に儲かる人がいるのは許せないという感情が働く可能性が否定できません。結果として、新しいものは普及しない方がよいと考える人が一定数出てきても不思議ではないでしょう。

米国の調査会社エデルマンが行った信頼度調査によると、日本人の中でテクノロジーを信頼する人の割合は66％となっており、26カ国中最低レベルでした。

ランキングの上位には中国やインドネシアなど新興国が目立ちます。新興国は経済成長が著しくテクノロジーの恩恵を感じやすい状況にあります。一方、米国やフランス、ドイツ、英国といった先進国は下位グループに入っていますから、日本の順位が相対的に低いことは特に問題ではありません。しかし日本は多くの人が自国のことを技術大国であると誇りに感じており、米国や英国に対して、もの作りを軽視し、消費にしか興味がない国だとして批判する風潮も根強く残っています。

こうした国であるにもかかわらず、テクノロジーに対する信頼度が最下位というのは不思議な感じがしますが、新しいテクノロジー＝他人の利益と考えると、辻褄《つじつま》が合うのではないでしょうか。

日本社会では、テクノロジー分野に限らず経済的な成功体験を披露することは、場合によっては大きな批判を浴びます。出る杭は打たれるということわざからも分かるように、日本では成功者は基本的に妬まれますから、自身の成功体験を積極的に他人に語りたがりません。このため成功のロールモデルが共有しにくく、これがビジネスチャンスを狭めています。しかしながら、成功者が妬まれ、足を引っ張られるということは、実はお金に対する欲求が強いことの裏返しでもあります。

投資信託などのファンドを運用するフィデリティ投信が、英国、ドイツ、カナダ、中国、日本などを対象に行った調査によると、「経済的に安定していないと幸せではない」と回答した日本人の割合は73％と、主要国では断トツでした。英国は45％、ドイツも45％、カナダは44％、中国は38％ですから、日本の数字は突出しています（図）。

所得水準と幸福感について尋ねた別の調査でも、日本は所得が高い人と低い人の幸福感のギャップが大きいという結果が得られています。日本はお金についてオープンに語ることを嫌う風潮がありますが、この調査結果によると本音ではお金がないと幸せになれない

経済的に安定していないと幸せではないと考える人の割合

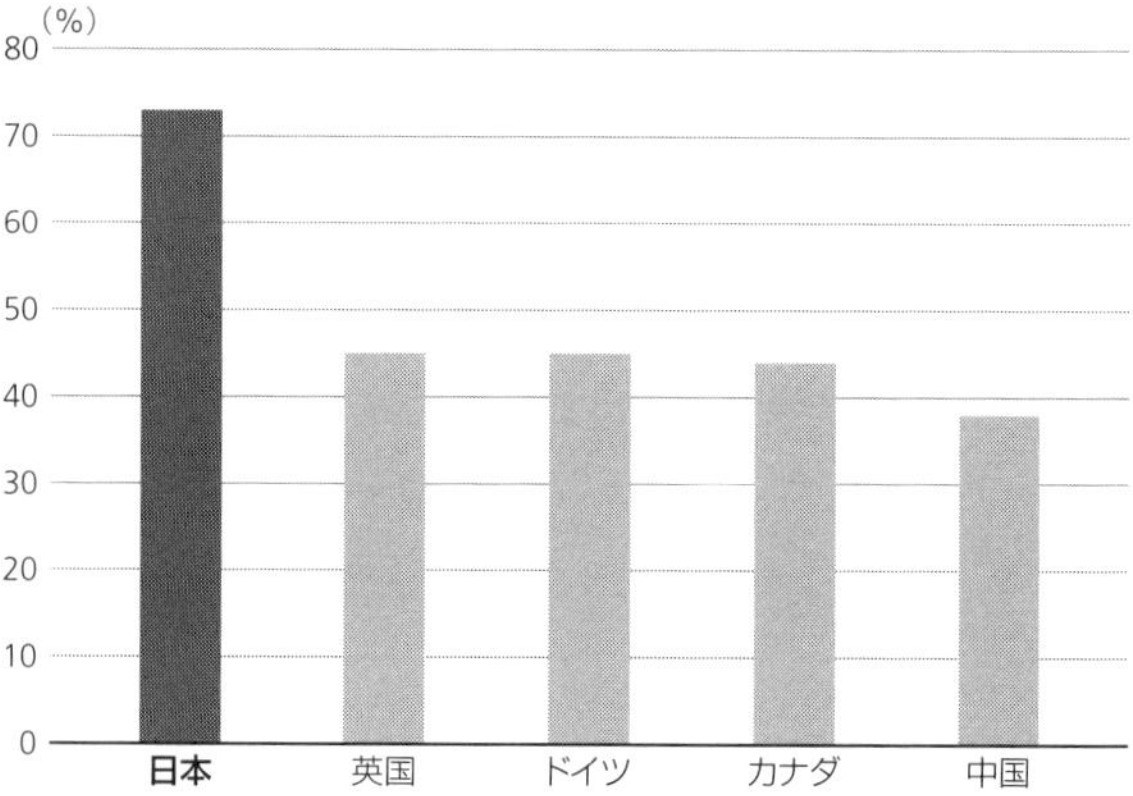

出所：フィディリティ投信

と感じていることになります。そして、お金がないと幸福ではないと考える傾向が強いからこそ、お金を持っている人を妬み、足を引っ張っている可能性が高いとの推測が成り立ちます。

　ちなみにこの調査では、「自分の人生が『お金にコントロールされている』のか」について問う項目がありますが、日本人の中で「自分がお金をコントロールしている」と回答した人の比率は64％しかありませんでした。この質問に対しては、英国が69％、ドイツが79％、カナダが72％、中国が75％という数字でしたから、日本人はもっともお金に振り回されていると感じていることになります。

日本は決して貧しい国ではありませんが、なぜお金に振り回されると感じるのでしょうか。このアンケートではそこまでは解明できていませんが、本書を読んでいただいた方はすでにピンと来ているのではないでしょうか。この章の冒頭で紹介した幸福度ランキングとの関連性です。

国連の幸福度ランキングでは、世界における日本の自由度と寛容さのランキングが著しく低いという結果でしたが、この調査でも同じことが言えると思います。日本人は人生における選択肢が少なく、それがお金に振り回される生活の原因にもなっています。そして、一連の社会環境が寛容さを失わせ、他人の足を引っ張るという行為を助長しているのかもしれません。近年、日本において急激に高まっている極端な自己責任論も似たような文脈で捉えることができそうです。

「コロナ感染は自業自得」と考える日本人は米国の10倍

このところ「自己責任」という言葉を見聞きする機会が増えています。

投資やビジネスの世界では、結果の責任はすべて自分が負うという意味で「自己責任」という用語がよく使われてきましたが、今、日本社会で多用されている自己責任論はこれとはかなりニュアンスが違っています。本来の意味を超えた過度な自己責任論は、社会的にはもちろんのこと、適切な経済成長を阻害するという点において経済的にも問題があると筆者は考えます。

自己責任という言葉は、投資の世界における「自己責任原則」を除けば、明確に定義されているわけではなく、自分の行動がもたらした結果は自分が責任を負うという程度の意味合いです。責任が及ぶ範囲がどこまでなのかについては、その言葉を口にする人によって様々であり、明確な共通認識はないと思ってよいでしょう。

投資における自己責任原則のように投資活動に限定した使い方であれば、この言葉が多用されたところで大きな問題は発生しません。株式投資はまさに自己責任の世界ですが、どの株をいくらの値段で、いつ買うのかを決めるのはすべて自分であって、それ以外の要素が入る余地はほぼゼロです。ビジネスの世界も同じであり、公平な競争環境が存在しているのなら、失敗はすべて自分の責任であり、他人のせいにすることはできません。

明確にルールが定められているわけではありませんが、経済活動における自己責任論というのは「相応の意思と能力を持った人が参加」することが大前提であり、そうであればこそ「自分自身がすべての結果を負う」という暗黙のルールが成立しています。

ところが近年、日本において声高に叫ばれている自己責任論は、それとは大きく異なっています。不可抗力であったり、本人に法的な権利があるものに対してすら、自己責任という言葉を適用し、権利の行使を抑圧しているように見えます。

もっとも露骨なのは新型コロナウイルスへの感染でしょう。

日本ではウイルスに感染した人をバッシングする人が後を絶たず、感染が分かると企業を解雇されるというとんでもない事例もたくさんありました。

一般論として感染予防策というものは存在していますが、広範囲にウイルスが存在している状況では、感染を100%防ぐ方法はありません。各人がより慎重に行動した方がよいのはその通りですが、本人に大きな過失がない限り、感染については不可抗力と考えた方が合理的です。

基本的に諸外国ではコロナ感染について不可抗力と認識されていますが、日本の場合、必ずしもそうとは言えない部分があります。

大阪大学の三浦麻子教授らの研究グループが2020年に行った調査によると、「新型コロナウイルスに感染する人は自業自得だ」と考える日本人は11・5%と、米国人（1・0%）、英国人（1・49%）、イタリア人（2・51%）、中国人（4・83%）と比較

感染は自業自得だと考えた人の割合

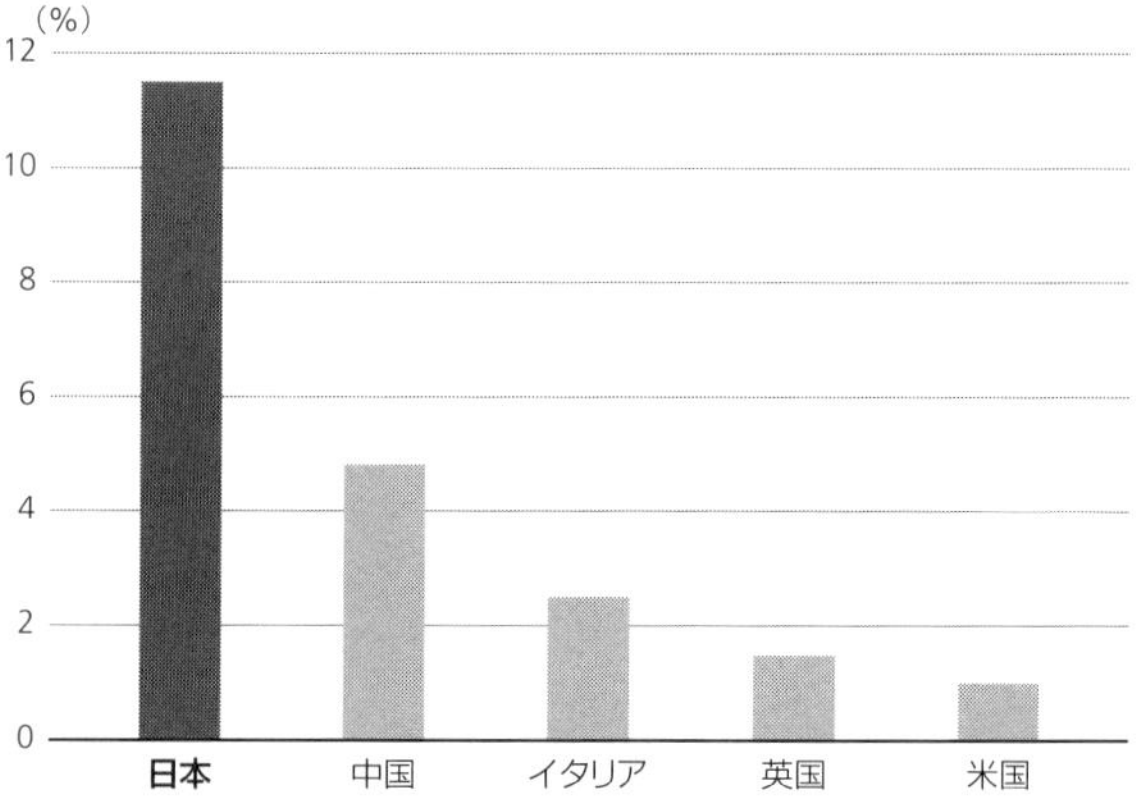

出所：三浦麻子・大阪大学教授らによる調査

して突出して高い水準でした（図）。

日本人だけが比率が高いことの明確な理由は不明ですが、「公正世界仮説」という心理メカニズムが作用している可能性が高いと言われています。

公正世界仮説というのは、「社会は本来、安全で公正なものであるべきだ」という認知バイアスのことを指します。この価値観が強すぎると、想定外の悪い事態が発生した際、「そんなはずはない」と考えてしまい、被害を受けた人が過去に悪いことをしたに違いないと考える傾向が強くなります。

日本では通り魔事件の被害に遭った人が、逆に「深夜に出歩く方が悪い」と非難されるケースがありますが、これは公正世界仮説のメカニズムで説明できます。同様に日本では性犯罪が発生すると、加害者ではなく被害者が批判されることも少なくありません。日本社会は安全であるという「神話」が崩れることに耐えられず、被害者に問題があるという歪んだ形で自身を納得させようとするわけです。

神話が崩れた時、精神的にどのような作用がもたらされるのかは人によって異なるはずですが、日本ではたいていの場合「誰かが悪い」という話になります。ここでも他人の足を引っ張る、不寛容な社会という特徴が顕著に表れています。

もし、こうした感情が日本における自己責任論の背景なのだとすると、それはもはや経済活動における自己責任論とはまるで異なる概念と言わざるを得ません。

不可抗力や権利を有する事柄についてまで自己責任の用語を使うことについては、社会的にしっかりと抑制していかなければ、弱者へのバッシングにつながりかねません。そして生活保護の領域ではこの問題がかなり深刻化しています。

バッシングの道具になっている自己責任論

生活保護の申請は国民が持つ権利ですが、現実には「住所がないから申請できない」など不当な理由で追い返されるケースが後を絶ちません。

申請者の親族に対して援助できるか問い合わせを行う扶養照会も、申請を諦めさせる手段として多用されています（生活保護申請者が親族から虐待を受けている可能性もあるため、扶養照会は重大な人権侵害を引き起こす可能性があり、先進諸外国ではほとんど行われていません）。

生活が困窮したのはすべて本人の責任であり、支援する必要はないという考え方になりますが、これは明らかにダブルスタンダードといってよいでしょう。

生命が脅かされる危険な状態であっても、経済活動の結果について、すべて自身が責任を負うべきだという概念がコンセンサスを得ているのなら、政府が行ったコロナ関連の支援策は全否定されるべきですが、現実はそうではありません。

すべてが自己責任ならば、企業にリストラされるのも自己責任なので公的な失業保険も不要となります。米国のように年金や医療も民営にしてしまえばよいでしょう。ちなみに、自己責任社会の頂点に立つ米国ですら、生活困窮者向けには公的な医療制度や年金制度などが整備されていますし、今の日本で年金と医療を民営化してしまったら、保険料は跳ね上がり、多くの国民が満足な医療を受けられなくなるでしょう。

結局のところ、今、声高に叫ばれている自己責任論とは、弱者に対するバッシングを行うための道具に過ぎず、経済活動における自己責任とは異質のものとなっています。こうした歪んだマインドは、社会的に問題があるのは当然のことですが、健全な市場メカニズムを阻害するという点において、経済的な悪影響も大きいのです。

時折、市場メカニズムと前記の自己責任論を混同している人を見かけますが、これは完全な誤りです。健全な市場メカニズムの維持と、過度な自己責任論の抑制は両立するばかりか、むしろ車の両輪といってもよい関係にあります。

企業というものは本来、利益を追求するために存在しており、競争力を失った企業は市場から退出させるのが望ましい姿と言えます。時代とともに企業が変化していくのは当たり前なので、健全な経済を運営するためには、企業も一定頻度での入れ替わりが必要という理屈です。

しかし企業で働く労働者は違います。

企業が入れ替われば、当然、そこで働く労働者も転職を余儀なくされますが、立場の弱い労働者にとって、ひとたび失業すると生命の危険が生じるような状況では容易に転職などできるわけがありません。このような環境では、企業の新陳代謝は進まず、結果として企業の競争力も低下してしまうのです。

政府は失業者に対する各種支援を行っていますが、一連の失業対策には、単に労働者を保護するだけでなく、持続的な経済成長を実現するという目的も存在しているのです。

失業による国民生活への影響を緩和する措置を政府が講じなければ、結局のところ企業の経済活動も阻害されるという話であり、各種の失業対策は実は成長戦略も兼ねています。

過度な自己責任論というのは、市場経済の運営にとってむしろ邪魔な存在といってよいでしょう。

疑心暗鬼の日本社会で資本主義が機能不全に

寛容性に欠け、人の足を引っ張る傾向が強い社会では、妬みやスケープゴートが発生しやすくなります。結果として、多くの人が萎縮し、他人を信用しなくなりますが、実は、これが経済にもたらす影響は甚大です。

総務省が取りまとめた２０１８年版情報通信白書には、ネット利用をめぐる興味深い調査結果が掲載されています。

白書では、ネットで知り合う人の信頼度について国際比較しているのですが、「ＳＮＳ

で知り合う人たちのほとんどは信頼できる」と回答した日本人はわずか12・9％でした。ところが米国は64・4％、英国は68・3％に達しています。逆に日本人の87・1％は「あまり信用できない」「信用できない」と答えており、ネット空間で知り合う相手に対して信用していないという際立った特徴が表れています。

しかし、この結果はネットだけの話にとどまるとは考えない方がよいでしょう。日本社会は不寛容で他人の足を引っ張る傾向が強く、多くの人が基本的に他人を信用していません。実は経済活動において、相手を信用できないことによって生じるコストは膨大な金額になります。

信用できない相手と取引するリスクを軽減するためには、多額の調査費用をかけて相手を調べたり、すべての案件で詳細な契約書を作成するといった作業が必要となり、時間とコストを浪費します。これを回避するには、よく知っている相手だけに取引を絞り、狭い範囲で顔を合わせて経済活動するしか方法がなくなってしまいます。

こうした事態を前に、欧米社会は相手を信用することで、一連のコストを回避していると考えられます。欧米社会では、見知らぬ相手でも、まずはビジネスをやってみようという雰囲気が感じられますし、過去に取引がない相手でも、利益があると思えば躊躇《ちゅうちょ》なく取引をスタートします。何か問題があった場合には、その時に考えればよいというスタンスです（米国がガチガチの契約社会だというのは、一部の面だけを見た印象論です）。

一方、日本企業の多くは、よく知っている相手だけに限定するというやり方でリスクを回避するケースが大半です。日本の企業社会では、重層的な下請け構造という、諸外国には見られない商慣習が存在しますが、これは他人を信用できないという感覚から派生したものである可能性が濃厚です。

日本では、大手企業が中堅の下請け企業に仕事を発注し、下請け企業は、中小の孫請け企業に仕事を発注するというのはごく当たり前の感覚です。海外でもメーカーが部品の製造を別の企業に依頼するのはよく見られる光景ですが、封建的な上下関係が成立しているケースはほとんど見当たりません。

欧米では付加価値の低い製品の製造を請け負った下請け企業は、合併などによって市場シェアを高め、元請け企業との交渉力を高めようとします。あるいは一定価格以下の仕事は利益が出ないので断ってしまい、製品を供給する企業数が最適化されることで価格は下がらないことがほとんどです。

ところが日本の場合、互いに知った企業としか取引しないため、こうした市場メカニズムが働かず、下請け企業はいつまでも価格競争力を発揮することができません。その結果、元請け企業は際限のない値引き要求を続けるという悪循環に陥ってしまいます。

流通も同じです。商品をすみずみまで展開させるには、1次卸、2次卸など、ある程度の階層構造になるのはやむを得ませんし、海外でも日本の卸に相当する企業はたくさんあります。

ところが日本の場合、系列の縛りが厳しく、メーカーに直接掛け合っても「業界の和を乱す」といった理由で、取引がない販売店には製品を出荷してくれないケースがたくさんあります。

日本には人口1000万人あたり約28万の事業所が存在していますが、米国では24万しかありません（中小企業庁および米国勢調査局）。日本は人口に比して会社数が多い状況ですが、その理由のひとつとして考えられるのが、硬直化した取引系列の存在です。

硬直化した系列取引が長く続くと、次第に中間マージンを取るだけの企業も現れてきます。本来であれば、この業務に従事する人は不要であり、その分、収益を上げる別の業務に従事することで、経済圏全体での付加価値を増やせますから、生産性も向上するはずです。

中間マージンを取るだけの企業が生み出す付加価値は低く、薄利多売にならざるを得ません。当然のことながらその企業で働く従業員の賃金は安くなってしまい、労働者全体の平均賃金を引き下げてしまいます。

他人を信用できないという社会風潮は、実はＧＤＰ全体にも極めて大きな影響を与えていることがお分かりいただけると思います。

しかもこうした企業は中間生産物しか生産しませんから、本質的な意味でＧＤＰには寄与しません。こうした企業が別の製品やサービスの提供にシフトすれば、あっという間に日本のＧＤＰは増え、付加価値が上昇する分、賃金も上がるはずですが、それが実現できていないというのが現実です。

技術大国だったはずの日本はなぜIT後進国になったか

こうした社会風潮は、ビジネスのＩＴ化などを通じて、ある程度、改善することが可能です。ＩＴを導入すると組織の意思決定が迅速化するという効果が得られます。結果的にＩＴを導入した組織は風通しが良くなり、フラット化も進みますから、１００％とはいかなくてもＩＴを積極導入する効果は大きいのです。

しかし、日本人の意地悪さは社会のIT化にも暗い影を投げかけています。日本は諸外国と比較してITの導入に極めて消極的なだけでなく、ITを導入しても、従来の不寛容な社会を維持しようとするメカニズムが働いてしまうのです。

コロナ対策を目的に日本政府が構築したITシステムが次々とトラブルを起こしたことや、メガバンクで大規模障害が発生したことなどから、日本はIT後進国であるという主張をよく耳にするようになりました。

実際、日本は会社の業務や学校などにおいて、もっともITを活用しない先進国のひとつとなっています。OECDの国際成人力調査によると、16歳から24歳までの若者が職場や家庭などでパソコンを利用する頻度は、OECD加盟国中最低水準です（図）。パソコン販売台数などから推定した日本のパソコン保有率は米国の半分程度ですから、職場などにもパソコンが十分に普及していない状況と考えられます。

成人が業務においてパソコンを使っていないのであれば、子どもが日常的にパソコンに触れる可能性はさらに低くなります。同じくOECDが行った生徒の学習到達度調査においても、学校や家庭でコンピュータを使える状況になっていると回答した生徒の割合は、ほとんどの質問項目において、日本は47カ国で40位以下にとどまっています。

職場と家庭におけるパソコン使用状況

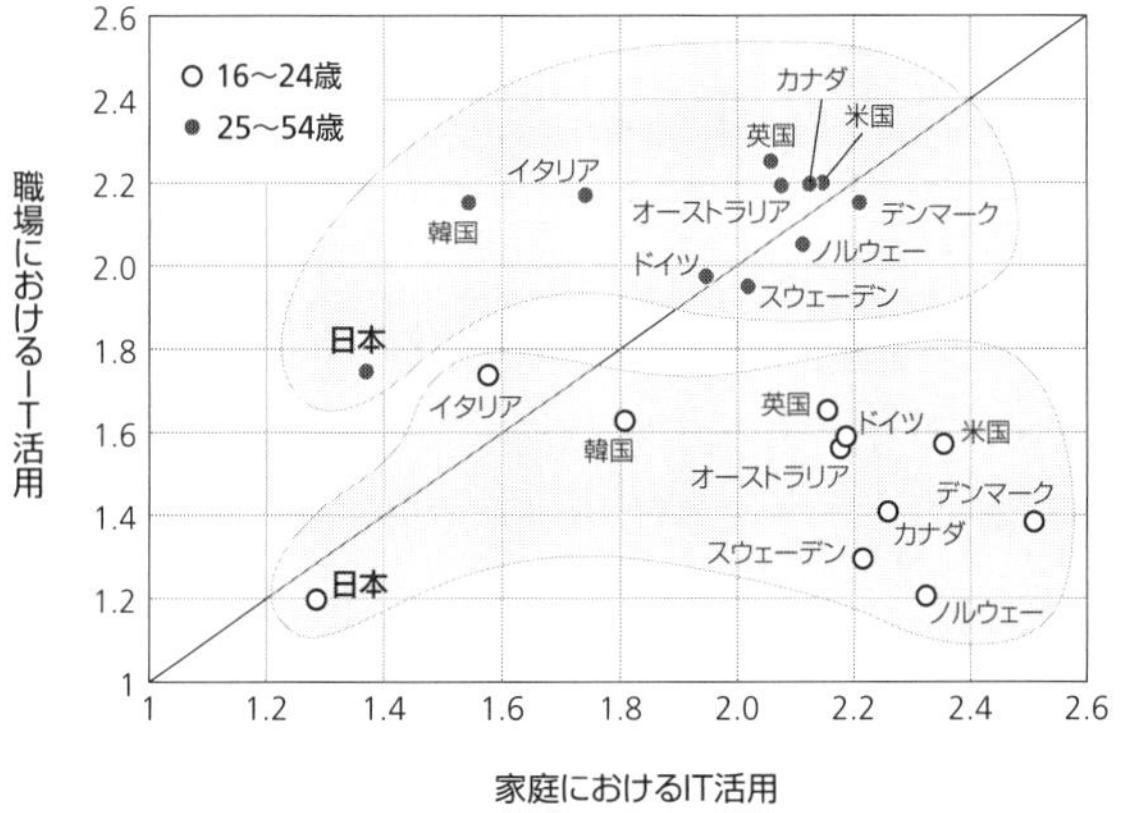

出所：OECDから筆者作成

内閣府による国際比較調査でも同じような結果が出ており、日本の13歳から19歳の子どものパソコン保有率は先進国中では突出して低く、約7割がパソコンを保有していません。

日本ではスマホが普及しているという意見も聞かれますが、ほとんど意味はありません。当然のことですが先進諸外国でもスマホが普及しており、これに加えてパソコンやタブレットも保有しているのです。個人的なコミュニケーションはスマホで、知的活動はパソコンでという使い分けが出来上がっていると見てよいですから、環境がまるで異なります。諸外国の学校教育がパソコン保有を前提としており、宿題も電子的に提出させるケースが多いという現実を考えると、この差は歴然でしょう。

菅政権はデジタル庁創設の準備を進めるなどＩＴ政策を強化する方針を打ち出し、各府省で日常的に用いられてきたＦＡＸ利用の取りやめを検討しました。ところがあちこちから反対の声が上がり、結局、ＦＡＸを廃止することはできませんでした。

非常に残念なことですが、ＩＴ業界に詳しい人の間では、日本がＩＴ後進国であるというのは以前からの常識でした。最近になって多くの国民が実感する形でトラブルが相次いだことから、ようやく一般社会にもその事実が知られるようになってきたわけですが、日本はなぜＩＴ後進国になってしまったのでしょうか。

ＩＴというのは情報技術という意味ですから、普通に考えると技術力の問題であるとイメージされると思います。では日本という国は技術という点において著しく劣っているのかというとそうではありません。最近でこそ中国などの新興国に追い抜かされる分野が増えてきましたが、技術力が高い部類に入ることは間違いないでしょう。

それにもかかわらず、なぜ日本ではＩＴをうまく活用できないのでしょうか。その理由は、やはり日本人のマインドにありそうです。日本人の特殊なマインドがＩＴ活用を妨げる象徴とされているのが、ハンコ文化への固執です。

お辞儀ハンコのイメージ

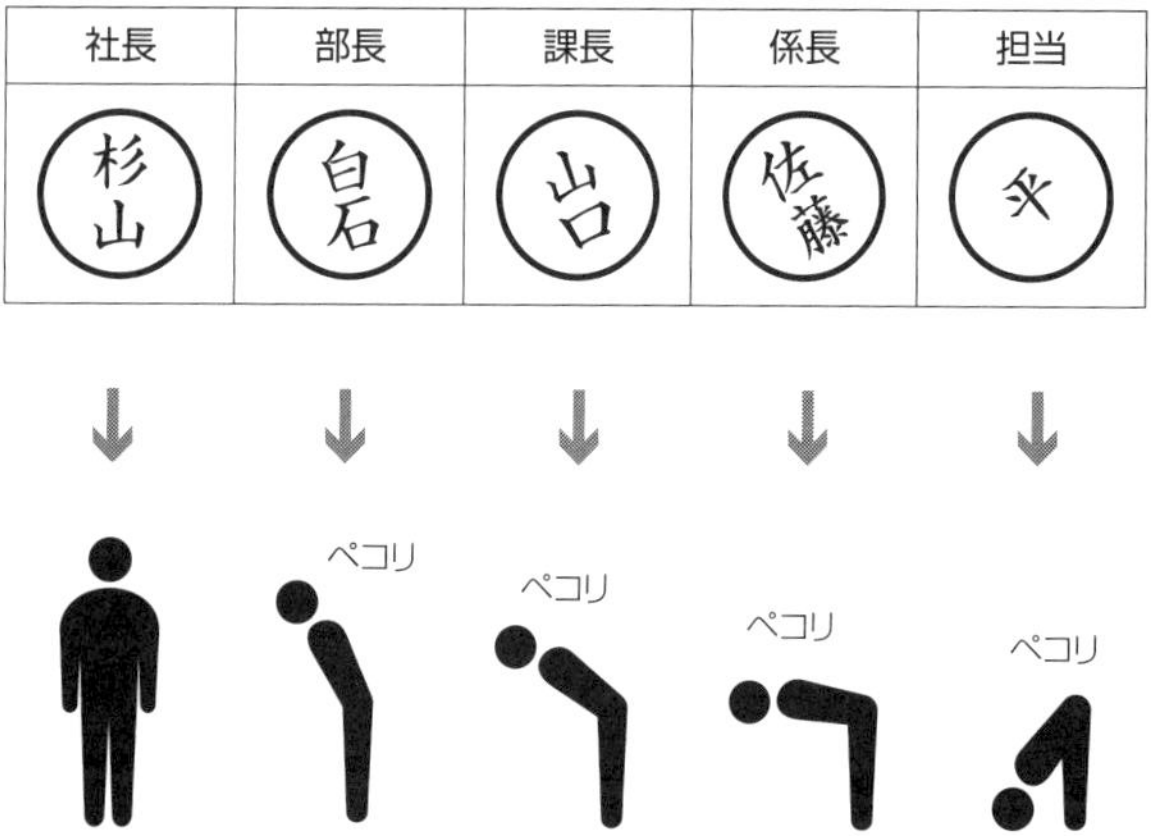

菅政権は先ほどの行政ＩＴ化と同様、官民に対してハンコの利用を見直すよう要請を行いました。社内の手続きにハンコを用いている企業は多く、この手続きをＩＴ化すれば、かなりの効率化が期待できます。ところが、一部の企業はハンコ廃止という動きに対して、驚くべき行動を取っています。

その最たるものは、「お辞儀ハンコ」を実現できるＩＴシステムでしょう。

お辞儀ハンコとは、稟議書など複数の役職者が押印する書類において、役職が低い人ほど、ハンコに角度を付け、役職が高い人に対してお辞儀をしているように見せる押印のやり方です（図）。人間関係を常に上下関係として捉えるという日本社会の仕組みをハンコの押し方にも応用したのがこのお辞儀ハンコというわけです。

社内の手続きでハンコを用いなければいけない絶対的な理由はありませんから、菅政権の要請以前から、ハンコを廃止し、承認の手続きをシステム化しようという提案はたくさん存在していました。IT投資を行ってハンコを廃止した企業もありますが、一方ではとんでもないことが起こりました。ある企業では、ハンコを廃止すべきではないという声があまりにも大きく、画面にハンコの印影を浮かび上がらせて、あたかも押印したように見せるというITシステムをわざわざ作り上げたのです。

これでは従来と何も変わりませんし、システムを開発した分だけ逆にコストが増えてしまいます。しかも一部の企業では、これだけでは満足できず、驚くべきことに、役職によってハンコの傾きを変えるという、前述の「お辞儀ハンコ」が実現できるシステムをコストをかけて作っていたのです。

「そんなの都市伝説でしょ？」と思った方もいると思いますが、現実にシステムを開発する企業に対しては、お辞儀ハンコができるようにして欲しいという要望が寄せられており、システム会社はそうした機能を実装しています。

そもそもハンコを使用しないのであれば、ハンコの印影を画面に表示させる必要はありません。役職者の承認が必要であれば、承認ボタンを設置すれば事足ります。それにもかかわらず、わざわざコストをかけてハンコの印影を表示させ、しかも、エライ人にお辞儀をする機能まで付けさせている企業が少なからず存在しているのが現実なのです。

業務のシステム化というのはただ意味もなくITを導入するということではありません。システム化をきっかけに業務のムダを洗い出し、それを省略していくことでビジネスを効率化するという目的があります。

例えば、これまで4人の承認が必要だった稟議書も、業務の実態を丁寧に分析すれば、2人の承認で問題ないかもしれません。システム化をきっかけに業務のムダを見直すことで、企業の生産性が向上するわけですが、従来と同じことをシステムで行ってしまっては、システム費用分だけ逆にコストが増える結果になってしまいます。

これは極端なケースかもしれませんが、システム化してもムダな業務を減らせないというケースは枚挙に暇《いとま》がなく、その結果として、日本企業では長時間残業が横行しているのです。特にこのお辞儀ハンコのケースは、日本人の特殊なマインドをよく表しているといってよいでしょう。

稟議書にハンコを押すという行為には、役職者の承認欲求を満たす作用があると考えられます。これはある種の儀式ということになりますから、その行為をＩＴ化することそのものに抵抗があるわけです。

また日本人のコミュニケーションは、相手との上下関係が基本ですから、どちらが上であるのかを確認し、上に立つ人は下の人に対して、常にマウントをとってその立場を維持しようとします。お辞儀ハンコはこうした抑圧的な日本社会の特徴を凝縮した仕組みといってよいでしょう。悲しいことに、ＩＴを導入するという状況に至っても、上下関係を基軸にした不寛容な組織文化を死守しようとしているわけです。

確かに諸外国でも上司が部下に威張り散らす光景は時折、見られるものですが、こうした関係性を儀式化し、ＩＴにも実装しようという国は日本以外には存在しません。

このような馬鹿げた行為を各所で繰り返した結果、日本企業ではムダがなくならず、結果的に長時間残業を抑制することもできない状態が続いています。これはテクノロジーの問題ではなく、完全にマインドの問題ですから、いくら技術力を高める努力をしても、ほとんど意味はないのです。

第2章

マインドが経済にもたらす致命的な影響

第1章では、日本社会は基本的に寛容ではなく、他人の足を引っ張る傾向が強いという特徴について具体例をあげて解説しました。こうした風潮が存在すると、法律上は自由であっても人々の行動が抑制され、経済活動を阻害する要因となり得ます。

また不寛容さの影響からか、他人を信用することができず、リスク回避を目的に身内の取引を優先する傾向が強くなりますから、こうした商慣行も経済活動を非効率なものにしている可能性が否定できません。

第2章では日本人独特のマインドが経済に与える影響や、なぜそうしたマインドが形成されているのかについてもう少し掘り下げて考えてみたいと思います。

日本社会が不寛容になった理由《ワケ》

筆者はここまで日本人は意地悪で不寛容だと述べてきましたが、本当のことを言うと日本人が不寛容で意地悪だとは考えていません。何をおかしなことを言っているのだと思われたかもしれませんが、もう少しだけ筆者の説明を聞いてください。

何が意地悪で、何が不寛容なのかという問題は実は簡単に答えが出せるものではありません。なぜなら、その社会の基本的なパラダイムによって、善悪の価値観というのは変化する可能性があるからです。ある社会では、不寛容で意地悪と認識される行為であっても、別の社会ではそうではない可能性が否定できないのです。

もう少し具体的に考えてみましょう。

例えば、集団全体の生産力が低く、経済的に貧しい社会においては、持続的に富を拡大させることはほぼ不可能です。必然的に既存の富を奪い合うような経済となりますから、豊かな社会を基準にした場合の寛容さは失われ、不寛容な行為もある程度までは許容されることになります。

富が有限の社会において皆が富を奪い合えば、安心して生活を送ることができませんし、社会の秩序を保つことも難しくなります。こうした社会では、たいていの場合、厳しい上下関係が成立しており、立場が上になるにつれて、少しずつ獲得できる富が大きくなるよう秩序が形成されています。

当然のことながら、個人の選択権は大きく制限されますし、自由な行動は抜け駆けと見なされますから、制裁が加えられることもあります。少数者に対する差別なども起こりやすくなるでしょう。

農業が主体だった前近代の時代においては、このような社会は珍しくなく、日本も江戸時代までは全国各地に前近代的なムラ社会が広範囲に形成されていました。

前近代的なムラ社会では、立場が高い人に意見を言うことは道義的に許されないことですが、一方で、立場が弱い人に厳しく当たることは、程度の問題こそありますが、絶対的な悪とは見なされません。なぜならば、有限の富をうまく分配するためには、ある程度、暴力的な上下関係を構築する必要があるからです。

加えて、行動の自由が禁止されていますから、自由に行動した人、あるいは自由に行動しそうな雰囲気のある人の足を引っ張ることは、むしろ推奨されることさえあります。逆に不正を働いた有力者を告発することは、社会秩序を破壊する可能性がありますから、場合によっては犯罪と見なされるでしょう。つまり前近代的なムラ社会においては、絶対的な善悪というものは存在せず、秩序を維持するという目的を達成するため、状況に応じて善悪の概念も変わってしまうのです。

一般的に前近代的なムラ社会というのは、近代社会と比較して以下のような特徴が見られます。

①富は拡大させるものではなく奪い合うもの
②人間関係とは基本的に上下関係
③科学的な合理性ではなく、情緒や個人的な利益で意思決定が行われる
④集団内部と外部を明確に区別
⑤根源的な善悪はなく、集団内部の雰囲気や状況で善悪が決まる
⑥自由や権利という概念が極めて薄いか存在しない

そして、ここで列挙したような特徴を持つ社会の場合、近代社会を基準にすると、どうしても人々の言動は利己的で不寛容になってしまいます。

ここまでの説明を聞いて、前近代的なムラ社会というのは、実は今の日本そのものではないかと思った人も多いのではないかと思います。まさにその通りであり、本書の主題も実はそこにあります。

日本は近代工業化を達成した国と周囲から認識されており、実際、物質的にはそれなりに豊かになりました。しかし精神的な面では十分に近代化を達成しておらず、そのギャップが様々な社会問題を引き起こしている可能性が高いのです。

表面的には近代社会であっても、前近代的ムラ社会の価値観が多分に残っているため、新しいルールとうまく折り合えず、結果として人の足を引っ張ったり、意地悪になったり、寛容性がないという国民性につながっていると考えられます。

つまり、意地悪、不寛容といった日本人の精神的特徴というのは、あくまで近代社会を基準にしたものであって、前近代社会を基準にすれば、それほどひどいものではないと解釈することも可能です。

筆者が、あえて日本人が意地悪ではないという説明をしたのはこうした理由からですが、現実問題として高度に民主主義や資本主義が発達した現代社会において、前近代的なシステムを残したまま、経済や社会をうまく運営できるはずがありません。こうしたギャップを放置すれば、最終的には経済的な貧困という形で国民生活に影響を与えることになります。日本人が精神的に近代化できていないという話が本当であれば、一刻も早く改善する必要があると筆者は考えます。

こうした近代社会と前近代社会のギャップは、何もない時は目立ちにくいものですが、経済の運営がうまくいかなくなると、一気に顕在化します。近年、従来の日本では考えられなかった嘆かわしい事態が連続して発生しているのはその象徴といってよいでしょう。

特にコロナ危機とタイミングが重なってしまった東京オリンピックには、一連の問題がすべて凝縮されたといっても過言ではありません。

今回の東京オリンピックは、厳しい状況での準備と開催を余儀なくされました。本来であれば、日本人は一致団結してベストな解決策を探るべきでしたが、政府や関係機関の取った行動はまったく正反対なものでした。すべてにおいて関係者の個人的な利権が最優先され、日本全体の利益など誰も考えないという状況に陥ってしまったのです。

プロジェクトの迷走は初期段階から始まっていたと見てよいでしょう。

会場の選定に際しては、国立競技場を刷新する計画が持ち上がり、一部からは既存施設の活用や周辺の景観維持なども提言されました。しかし、こうした意見はほとんど無視され、十分な議論すら行われないまま整備計画がなし崩し的にスタートしました。

しかし本格的な混乱はここからです。当初1300億円とされた総工費は3000億円に膨れ上がることが判明し、費用の積算がメチャクチャであることが明らかとなったのです。政府は総工費を2500億円にして見切り発車しようとしましたが、国民からの批判が集中し、ゼロベースでの見直しを余儀なくされました。

利権が最優先され、透明性を欠くプロジェクトの運営は、エンブレム選定でも顕在化しています。当初発表されたデザインが、すでに存在しているロゴと酷似していることが判明。デザイナーの選考過程も不透明で、一部では選考過程に不正があったことも明らかとなりました。

非常に残念なことですが、コロナ危機の最中における五輪開催という厳しい状況下において、平時には表面化しなかった日本社会の前近代性が露呈した格好です。

政府はオリンピック開催を強行する一方、感染拡大を防ぐため、国民に対しては行動の抑制を強く求めるという整合性の取れない方針を継続し、国民生活は大混乱となりました。2021年7月末には、新規感染者数が急増し医療崩壊がほぼ確実という状況に至りましたが、政権幹部の発言は「オリンピックのアスリートも（中略）頑張っている」「思いをひとつにして」という精神論ばかりでした。感染者の急増に医療施設が耐えられなくなり、重症患者以外は原則として自宅療養にするという重大な方針転換が発表されたのは、そうした発言のわずか6日後です。

常に楽観的な見通しを立て、そのシナリオが崩壊すると、今度は実現不可能な対策を立案し、それも立ち行かなくなる。あるいは、相互矛盾する複数の命題を立て、どちらの効果も得られないというのは、コロナ危機の発生以降、ずっと継続している問題といってよいでしょう。

迷走に迷走を重ねた一連の非科学的コロナ対策も、日本が前近代的な要素を色濃く残していることを前提にすると辻褄が合います。金融機関を通じて飲食店にお願いという形で圧力をかけようと画策し、多くの国民から猛反発を受けた西村康稔経済再生担当相（当時）の言動は、すべてを象徴しているといってよいでしょう。

コロナ対応で露呈した根源的価値観の欠如

西村氏は2021年7月8日、新型コロナウイルス対策として政府が要請している酒類の提供停止に応じない飲食店に対し「金融機関からも働きかけを行っていただきたい」と発言、金融機関（からの圧力）を通じて酒類の提供停止を実現する考えを示しました。内閣官房新型コロナウイルス感染症対策推進室も同日、酒類の販売業者に対して、飲食店との取引を停止するよう求める文書を出しています。

発言が報じられると各方面からは批判が殺到しましたが、この発言は単に飲食店イジメだといったレベルの話では済まされません。実際、この発言を受けて、「国の壊れはじめだよ」（社会学者の古市憲寿氏）、「とうとう政府は壊れ始めたか？」（元宮崎県知事でタレントの東国原英夫氏）など、より根源的な問題を指摘する声も相次ぎました。

この発言について筆者は、古市氏や東国原氏よりも事態は深刻であると受け止めています。両氏は「民主主義・資本主義の根源的価値観が崩れ始めているのではないか」、と危惧しているわけですが、筆者にはそうは思えません。民主主義や資本主義の価値観が崩れ始めているのではなく、日本社会というのは、当初からそうした枠組みとは無縁であり、前近代的な性質を色濃く残した結果として、この発言が出てきたと考えた方が自然だからです。

西村氏の発言は、端的に言うと「資金を融資している金融機関を通じて、飲食店に圧力をかけて欲しい」という理屈です。説明するまでもなく金融機関は許認可事業であり、特に銀行は事業者に資金を貸し付けるという立場にあるため、融資先の生殺与奪の権を握っています。このため、銀行がその地位を利用して融資先の経営に介入することは「優越的地位の濫用」にあたり、独占禁止法違反となります。

西村氏は批判を受けて謝罪し、加藤勝信官房長官（当時）も「金融機関という立場で優越的な地位をどう捉えるかの指摘もあったことも踏まえ、金融機関からの発出は取りやめるとの判断をした」と説明しました。しかし加藤氏は、酒類販売事業者に対する取引停止要請については「あくまでもお願い」であるとして、撤回しない方針を示していました。最終的にはこの発言も批判され、酒類販売事業者に対する取引停止要請も撤回に追い込まれたのですが、筆者は一連の経緯が非常に重要だと考えています。

政府は西村発言に対する批判を受け、当初は法律の条文に抵触するかどうかで線引きしていたことになりますが、金融機関に対して政府が取引停止を「お願いする」ことと、酒類販売事業者に政府が取引停止を「お願いする」ことは根本的に何が違うのでしょうか。

この命題に対する答えをどう考えるのかによって、日本が前近代的な社会であるのか、近代化された民主社会であるのかの違いが鮮明になります。

近代国家は基本的に「法」によって運営されていますから、当然のことながら誰もが法に従う義務があります。しかし、前近代社会は無法地帯なのかというとそうではなく、前近代社会にも「法」は存在します。前近代社会における「法」は「掟《おきて》」といった方がしっくりくるかもしれませんが、何らかの社会的な縛りは存在しているわけです。

しかしながら前近代社会における掟は、あくまで集団の秩序を維持するために作られたものであり、それは有力者や権力者が、下の人間の行動を束縛するために存在します。近代国家であっても、中国や北朝鮮、ナチスドイツのように独裁的で非民主的な国家の場合には、やはり法は国民を統制するために存在しています。こうした社会では、法律（あるいは掟）の条文に書いてあることが絶対視されます。

今回のケースにあてはめれば、金融機関を経由して取引停止を依頼することは「独占禁止法」の条文に違反する可能性があるので撤回するが、酒類販売事業者に対する要請については直接禁止する文言が存在しないので撤回しないという理屈になります。しかし本当にそうでしょうか。

実は、近代民主国家における「法」というのは、前近代社会あるいは独裁的な近代社会とは根本的に異なる概念で運用されており、日本が近代的な民主国家であるならば、加藤氏の説明には合理性がありません。

その理由は、近代民主国家における法というのは、条文に書かれている文言のことだけを指しているわけではないからです。例えば「法」のひとつである「法律」においては、その法律が持っている基本的な理念や価値観も含めて「法」として位置付けられています。

法の条文を適用する際には、現実とうまく整合性が取れないケースがたくさん出てきますから、その時には法の理念や価値観に照らして判断しなければなりません。それでも解釈に困る場合には、より上位の「法」である憲法を参照する必要があり、憲法にも土台となる理念や価値観（基本的人権など）が存在しています。

日本国憲法は英米法を元に作られているのですが、英米法的な用語を用いるのなら、憲法の上位には、抽象的で形にはなっていないものの「自然法」が存在するとの解釈になるでしょう。自然法というのは、人間そのものの理性が持つ絶対的な価値観をベースにした法であり、基本的人権に代表される自然権は自然法に基づく絶対的な権利です。

日本は言うまでもなく民主主義と資本主義を基軸にした国家です。

民主主義と資本主義の国において、私有財産の保護（財産権）や自由な商業活動（経済的自由権）というのは、基本的人権の根幹を成す絶対的な価値観であり、憲法や法律の上位に位置しています。もしこの基本原則を脅かす憲法や法律が存在する場合には、理論上、その法は無効と見なされます（例えば、ナチスドイツが制定した全権委任法は、議会を通過した法律であっても民主主義の原理原則に反するため理論的には無効となります）。

このような近代民主国家における「法」の原理原則を考えた場合、政府が特定事業者の商業活動を一方的に制限することは、銀行経由であれ、販売店経由であれ、基本的に「やってはいけないこと」であり、もし緊急事態に際して各種の制限が必要であれば、公共の利益との兼ね合いを十分に考慮した上で、手順を踏んで実施しなければなりません。これは民主国家における「根源的な善悪」「根源的な価値観」であり、こうした価値観や手続きを無視すれば、権力者のために法が存在する中国や北朝鮮や、暴力が支配する前近代的なムラ社会と何も変わらなくなってしまいます。

西村氏の発言は、一連の問題を十分に検討した上でのものとは考えにくく、加藤氏の対応も、独占禁止法という「法律」の条文にさえ抵触しなければよいと単純に考えていたようにしか見えません。最終的に措置を撤回したのも、本質的な問題を考えた結果ではなく、批判の声が大きかったことが原因である可能性が高いでしょう。

政権幹部の発言は基本的に事務方との調整を経て行われますから、発言内容は政権と官僚組織全体の総意と考えて差し支えありません。日本では民主国家における根源的な善悪や価値観ではなく、その場その場において、やりやすい方法が優先される形で政策が決まっている可能性が高いのです。

前近代的なムラ社会では、秩序の維持が最優先で、全員に共通する統一ルールや善悪というものが存在しません。「お願い」と、「強要」、「従わない場合の制裁」が渾然一体となっており、しかも、その場の雰囲気や情緒で物事が決まりますから、同じ行為であっても、正当化される時とされない時があります。

法的な手続きを経ず、事実上の強制が行われる一方、反発の声が出た途端に撤回を決断している今の日本は、まさに前近代的ムラ社会そのものといってよいでしょう。

周囲の雰囲気だけが善悪の判断材料

根源的な善悪が存在せず、集団を維持することが最優先される社会では、時としておぞましいまでの事態が当たり前のように起こってしまいます。障害者に対する虐待問題で東京五輪開会式の楽曲担当を辞任したミュージシャンの小山田圭吾氏のケースは、根源的価値観なき日本社会の現実をよく表しています。

小山田氏は学生時代、障害者に対して凄惨なイジメを繰り返していました（後に一部は目撃談だったと釈明）。内容があまりにもおぞましく残虐であることから、ここではあえて書きませんが、小山田氏が障害者に対してしていたとされる行為は完全に虐待や拷問のレベルであり、とうていイジメという言葉で済まされるようなものではありません。しかもこの話は、第三者が語ったものではなく、本人が2度も雑誌のインタビューにおいて自慢話として披露していました。批判を受けた小山田氏は、内容の一部は自身の行為ではなく目撃談だったと釈明しましたが、嬉々として、2度も公の場で（自身の行為として）自慢していたという図式そのものは否定のしようがありません。

いくら過去のこととはいえ、障害者に対する残虐な行為を公然と自慢していた人物が、オリンピック・パラリンピックの音楽を担当するというのはどう考えても説明がつくものではなく、この話題がネットで拡散すると辞任を求める声が一気に広がりました。大会組織委員会は当初、過去の問題であるとして引き続き起用する方針を示していましたが、批判があまりにも大きいことから、本人による辞任という形で決着しています。

筆者も辞任は当然だと思いましたが、一連の過程で注目すべきなのは、組織委員会の当初の見解と、著名人の一部から出てきた小山田氏に対する擁護とも取れる発言です。

組織委員会はこの問題が浮上した当初、「小山田氏本人は発言については後悔し反省しており、現在は高い倫理観を持って創作活動に献身するクリエーターの一人であると考えている」「引き続き最後まで準備に尽力していただきたいと考えている」と驚くべき見解を示しました。障害者に対する虐待を公然と自慢していた人物に対して「倫理観を持って創作活動に献身するクリエーター」であると力説しているのです。

オリンピックの開催ギリギリになって問題が発覚し（組織委員のこの発言は開会式のちょうど1週間前にあたる）、開会式の演出を変更することの難しさを考えれば、組織委員会側が、何とか留任させたいと考えたこと自体は理解できます。

しかし、組織委員会のメンバーに根源的な善悪の概念があれば、小山田氏を「倫理観のある人物」という言い方で擁護し、留任をゴリ押しするような発言は絶対にできないはずです。百歩譲って、「小山田氏には高い才能があり、これは余人をもって代えがたいのが現実です。過去の行動について本人は深く反省しているという状況を鑑み、続投にご理解をいただきたい」という趣旨が限界でしょう。

おそらくですが、組織委員会としては、開会式をどうするのかしか頭になく、小山田氏の倫理観が問われている問題であったことから、批判を全否定したいという力学が働き、「高い倫理観がある」などというトンデモ発言につながってしまったものと考えられます。

それだけではありません。この問題に対しては、一部の論者から「当時の価値観で評価すべきではない」といった驚くべき意見も出ていました。

当時を知らない若い世代の人の中には、30年前の日本はそのような社会だったのか、と思ってしまった人もいたかもしれませんが、当然のことながら、そのようなことはあり得ません。

筆者は小山田氏と同世代であり、問題となった雑誌2誌が出版された1994〜95年当時は、駆け出しの記者として仕事を覚え始めた時期にあたります。当時の状況をよく知る人間として断言しますが、当時の日本においても、障害者への虐待が大した問題ではないと認識されていた、などということはありません。

小山田氏が虐待を行っていたと思われる80年代は、近年と同様、イジメが大きな社会問題となっており、多くのメディアがこの問題を取り上げていました。93年には、山形県の中学校においてイジメ被害者が体育用のマットにグルグル巻きにされて逆さの状態で窒息死し、遺体が放置されるという残虐極まりない事件まで発生しています（山形マット死事件）。この事件は、連日テレビ番組が取り上げ、多くの日本人が衝撃を受けました。

当時と今とで違いがあるとすれば、当時は学校内部の問題に警察など他の行政組織が介入することをタブー視する雰囲気があり、犯罪として立件することが難しかったという事情があると思います（ちなみに、日本ではこの事件をきっかけに少年法厳罰化の動きが活発になっていきました）。犯罪として裁かれるかどうかという点では違いがあったかもしれませんが、少なくとも明治維新以降、社会全体として障害者に対する虐待を当然視していた時代など存在しません。

なぜ一部の人が「当時の価値観と今の価値観は違う」というあからさまなウソをつくの

か筆者にはまったく理解できませんが、何らかの利害関係が存在するのか、そうでなければ、小山田氏と似たような前近代的価値観を持っている人なのでしょう。

倫理的に良くない行動を取った人に対して、一方的に社会が制裁を加え続けることに正当性がないのは確かです。したがって、小山田氏に対して無制限に社会的リンチを加えてよいという理屈は成立しないと思います。しかしながら、障害者に対する一方的な虐待というのは、基本的人権という民主国家における根本的な善悪に関わる問題であり、人によってその評価が異なるということは絶対にあってはならないことです。

これは、立件されていない、法律上時効になっている、時間が経過している、といったテクニカルな問題を超えた、はるかに上位に位置する根本的な概念です。ところが日本ではこの大原則があてはまらず、小山田氏の行動は、それほど大したことではないと解釈する人が一定数、存在しているのです。

これは、近代民主社会から見ればかなり異様な事態と言えますが、日本社会が前近代の要素を色濃く残しているのだとすると、ある程度までなら説明がつきますし、似たような問題はあちこちで発生しています。

体罰の問題もそのひとつといってよいでしょう。

日本では学校における体罰がなくならないという問題がずっと指摘され続けていますが、これについて議論する際に必ずといってよいほど出てくるのが、愛情があるならば、ある程度の体罰は正当化されるという理屈です。

確かに、お互いの信頼関係が完璧であれば、ある程度の体罰も許容されるということはあり得るでしょう。実際、筆者が小学生の頃、よくゲンコツをする教師がいましたが、筆者はその教師のことを信頼し、尊敬していました。ある時、ちょっとしたいたずらが見つかり、その教師は手加減した上で筆者にゲンコツを食らわせましたが（手加減しても結構痛い）、筆者はその教師から暴行を受けたという認識は持っていません。

しかし、こうした関係が一部に成立するからといって、普遍的にすべての事例に適用してよいという理屈にはならないでしょう。物事には限度というものがあり、近代民主国家においては、一方的に暴力を振るうことはどんな理由があっても許されません。つまり、他人を傷付けてはいけないというのは、絶対的な価値観に相当するものと言えます。

ところが日本ではその常識があてはまらないのです。

2012年に大阪の市立高校でバスケットボール部のキャプテンだった男子生徒が体罰を苦にして自殺するという痛ましい事件がありました。加害者の教師は、日頃から体罰は必要であると豪語していたそうですが、20発も殴るような行為が毎日のように行われており、到底、体罰というレベルで済まされる話ではありませんでした。

もし、根源的な善悪という概念が存在しているのであれば、このような行為を愛情に基づく体罰などと説明することはできないはずですが、加害者にはこうした感覚はなかったようです。しかも立件が決まり、法廷に立たされた加害者は、被告席に座るや、消え入るような声で「本当に申し訳ありません」「指導です。強くなって欲しい……」と釈明するばかりだったそうです。

このほか、かつて改革派知事が当選したある県では、反発した県職員が知事の目の前で名刺を破り捨てるという傲岸不遜なパフォーマンスを行ったものの、抗議の電話が殺到すると、先ほどの体罰教師と同様、顔面蒼白になって謝罪しています。有力者が差別発言を行い「絶対に謝罪しない」と断言したのも束の間、抗議が殺到すると一転して謝罪に追い込まれるケースも枚挙に暇がありません。

知事というのは選挙で選ばれた人ですから、その人物の知事就任について公務員が拒絶するというのは、民主国家においては絶対に許されない行為です。法律レベルの些末《さまつ》な議論であれば名刺を破ったという行為に過ぎませんが、本質的な意味では民主主義への挑戦であり、憲法の枠組みを超えた絶対的な善悪に抵触するのです。差別というのも、民主国家では絶対に許容されない概念ですから、知事の問題とまったく同じです。

これらの人々に共通しているのは、「根源的な理念や価値観」というものが存在していないことです。

一連の言動は決して許されることではありませんが、本人の確固たる信念や価値観に基づくもの（つまり民主主義というものを根本的に否定している）ならば、抗議が殺到した程度で慌てて撤回したり謝罪するはずがありません。彼等は基本的な価値観というものとは無縁の世界に生きている可能性が高いと考えられます。つまり、周囲が咎《とが》めず、本人が調子に乗っていると、感覚的に自分が正しいと思い込んで行動がエスカレートし、逆に批判が殺到すると、恐れをなして「悪いことをした」と考えてしまうのです。

レベルは違いますが、この思考回路は、先ほど紹介した日本政府の対応とそっくりであり、まさに前近代社会特有のものといってよいでしょう。おそらくですが、こうした人たちは周囲が批判しなくなれば、再び自分は正しいと考え始めるに違いありません。

企業経営にも見られる前近代性

似たような事例は、高度に近代化されているはずの企業経営や資本市場の世界でも散見されます。経済産業省による東芝の株主総会への不正介入疑惑はその代表例です。

東芝はこれまで巨額損失や不正会計など不祥事が続いており、一部の株主は経営陣の総入れ替えといった厳しい措置を求めています。同社は、筆頭株主からの株主提案を受け、２０２０年７月に行われた株主総会が適正だったのか外部弁護士による調査を実施。２０２１年６月10日に公表された報告書では、「株主総会は公正に運営されたものとはいえない」との指摘が行われました。外部調査の結果、東芝が経産省に支援を要請し、同省が一部株主に不当な影響を与えたとの見解が示されたわけです。

この調査結果に対して経産省は、「当然のことを行っている」として、半ば開き直りとも取れる説明を行い、「東芝の動きを注視していく」とまるで他人事のような対応に終始しました。

東芝はその10日後、定時株主総会を開催しましたが、11名の取締役選任案の採決において永山治取締役会議長と小林伸行監査委員の再任が反対多数で否決されるという異例の展開となりました。これは、一部の外国人投資家だけではなく、生命保険会社など日本の機関投資家ですら、東芝のガバナンスに怒りを表明したことを意味しており、この問題が極めて深刻であることを物語っています。

それにしても、東芝・経産省と株主（市場）との間に生じた認識の断絶は凄まじいものがあります。東芝と経産省は自らの行為についてまったく問題ないと考えていたようですが、会社の所有者（つまり主権者）である株主は正反対のことを考えていました。このような事態に陥ってしまったのは、企業のガバナンスにおける根本的な善悪について、東芝と経産省がまったく無理解だったことが原因と考えられます。

東芝は株式会社ですから、ルール上、経営の最終意思決定権は株主にあります。株式会社というのは、株主が会社の所有権を持てるようあえて設計された形態ですから、経営者が株主の意向を尊重することは絶対的な倫理です。

もし株主の意向に左右されたくないのなら、株式会社の形態をやめればよいだけであり、実際、米国には投資家の意向に左右されないようLP（リミテッド・パートナーシップ）など株式会社以外の形態を選択するケースも少なくありません。東芝は自ら進んで株式会社を選択しているわけですから、株主を尊重することは当然の責務といってよいでしょう。

企業を適切に運営する枠組みのことをコーポレートガバナンスと呼びますが、実はコーポレートガバナンスというのは、民主主義の統治から派生した概念であり、商業活動や企業活動について規定している商法や会社法も民主主義の体系の一部となっています。

先ほども説明したように、民主主義と資本主義の国においては、私有財産の保護（財産権）や自由な商業活動（経済的自由権）は、基本的人権のひとつと見なされており、憲法や法律の上位に位置しています。

経産省は東芝に介入した理由について、安全保障上、東芝を守るためであると説明しており、自らの行為を正当化していますが、その理屈は成立しません。

商法や会社法が示す民主主義的な理念や価値観と、国家運営との間で利害の対立が生じることは、ずっと前から想定されていた事態であり、近代国家であるならば、どう対処すべきなのかもすでに分かっていることです。

政府には国家の安全を守る義務がありますが、一方で、商業活動の自由を守ることも、国家の安全と同様、極めて重要な責務です。というよりも、安全保障という概念そのものが商業活動の自由を守るために存在しているといった方がむしろ正確でしょう。

現代民主主義の基礎を確立し、米国の独立宣言にも大きな影響を与えたジョン・ロックについては社会の教科書で習ったと思いますが、ロックは民主国家における根本的な価値観について非常に分かりやすい説明をしています。

ロックは代表作である『統治二論』において、政府が権力を持って統治を行う目的は「所有権の保全」という基本的人権を守るためであると述べています。つまり、政府というものは国民の基本的人権を守るために存在すると明確に示しているのです。この理屈は軍隊（つまり安全保障）についてもまったく同じことが言えます。

国家を守るためには、軍隊は必須の存在であり（主権者である国民が軍隊は存在しなくてもよいと判断した場合は話は別ですが、身を守る必要がないと考える人はやはり少数派でしょう）、軍隊において上官の命令は絶対です。

ロックは、軍隊の上官は兵士に対して、必要であるならば「敵の砲口に向かって前進すること」（『統治二論』）を命じることはできても「その兵士の持ち金のうち、たとえ1ペニーでもよこせと命じることはできない」（同書）と明快な説明を行っています。つまり安全保障というのは、所有権などの基本的人権を守るために存在しているのであって、その逆ではないというのが民主主義の原理原則なのです。

こうした民主国家における原理原則を考えた場合、安全保障上の理由から、基本的権利が侵害されることは原則としてあってはなりませんし、どうしてもそれが必要な場合には、厳格なルールに基づいて慎重に対処することが求められるという結論が得られます。

しかし経済産業省は、明確な手続きを行わず、改正外為法の拡大解釈という曖昧な方法で経営介入を実施しました。もし同省が東芝の経営に介入する正当な理由が存在するならば、明確なルールに基づき、正面から対応するのがスジといってよいでしょう。また同省が本気でそうした措置を考えているのなら、後は東芝に任せるといった無責任な対応は取れないはずです。

結局のところ、経産省と東芝にはガバナンス（および背後にある民主主義）に対する基本的な価値観が欠如しており、介入によって発生する事態に対して政府が責任を持って対処するという覚悟もありませんでした。

東芝の調査報告書を読むと、モノ言う株主にどう対応すればよいのか経営陣が慌てふためき、それだけで頭が一杯になって経産省に救済を求めた様子がありありと伝わってきます。経産省側も、東芝のような日本を代表する重要な企業に対して、外国の投資家がモノを言うのはケシカランといった情緒的な理由に基づいて介入を行った可能性が高く、近代国家における合理的な意思決定とはほど遠いものといってよいでしょう。

企業経営あるいはガバナンスに対する基本的な哲学を欠いたまま、いくらコーポレートガバナンス指針などのマニュアルを参照したところで、正しい行動を取ることはできませ株主を無視する企業には、優良な投資家（特に外国の投資家）は決して投資しませんから、日本を代表する有力企業がこうした行動を取っているという現実は、確実に日本市場からの資金流出を促します。世界の投資家から見放された市場では、資金調達の環境がジワジワと悪化し、最終的に企業の収益や従業員の賃金、そして経済全体の低迷へとつながっていくのです。

非合理的にならざるを得ない日本のムラ社会

日本では社会的な問題と経済的な問題を切り離して考える人が多いのですが、それでは正しい解決策を導き出すことはできません。社会問題と経済問題が不可分であることは、社会学や経済学における前近代の位置付けを見れば明らかといってよいでしょう。

社会学の分野においては、以前から前近代社会と近代社会の違いについて様々な研究が行われてきましたが、両者の違いをもっとも端的に表しているのが、ゲマインシャフトとゲゼルシャフトという概念です。ゲマインシャフトとゲゼルシャフトは、ドイツの社会学者であるテンニースが提唱したものです。

ゲマインシャフトは、一般的に「共同体」と言われるもので、地縁血縁など濃密な人間関係によって自然に結びついた集団のことを指します。日本の、いわゆる農村型ムラ社会は典型的なゲマインシャフトと見なすことができるでしょう。一方、ゲゼルシャフトは、経済的利益など、ある目的を達成するために合理的に、人為的に作られた集団を指します。株式会社などの営利企業はここに分類されることになります。

ゲマインシャフトというのは、自然発生的に出来上がった集団ですから、基本的に構成員は所与のものであり、主体的な意思を持って帰属先を選択することはできません。ムラ社会では、付き合う人間を選ぶことができないのが当たり前ですが、これはゲマインシャフトという集団の性質上、避けて通ることができないのです。構成員が所与のものである以上、出入りも自由ではありませんから、集団の内部と外部には決定的な断絶が生じることになります。

集団全体の意思決定についても、合理的には行われません。

構成員の感情や人間関係が優先されますから、不満ができるだけ少なくなるよう調整する必要があるわけです。場合によっては、全体としては不利益であっても、皆が納得できる形で意思決定が行われます。日本社会における「和の精神」はまさにゲマインシャフト的な意思決定方法の代表といってよいでしょう。

ゲマインシャフトとゲゼルシャフト

ゲマインシャフト		ゲゼルシャフト
自然発生的	**成立要因**	目的を持って成立
情緒、感情	**個人の意思決定**	考察、価値観
慣習、経験、記憶	**社会の意思決定**	理論、概念
地縁、血縁、宗教	**関係性**	契約、合理性
上下関係やコンセンサス	**規律**	ルールや契約
農村共同体、ムラ社会	**集団の例**	グローバル企業

出所：テンニース『ゲマインシャフトとゲゼルシャフト』などを元に筆者作成

ゲマインシャフトでは、構成員の経験やこれまでの習慣が重要視されます。何か新しい事態に直面した場合でも、これまでどうやってきたのかという視点で議論が行われますから、新しいやり方を積極的に試すということは行われません。利益を上げるといった何らかの目的で集団を構成しているわけではないので、これまで行ってきた行動にもっとも価値があるわけです。

ゲゼルシャフトはこれとは正反対の組織になります。ゲゼルシャフトにおける人間関係は所与のものではなく、各構成員が主体的な意思でその集団に入り、集団内での役割も自身と集団との交渉や契約で決まります。グローバル企業では、社員の役割というのが明確に契約で決められており、それに従って各人が淡々と業務を推進しますが、これはまさにゲゼルシャフト的な働き方といってよいでしょう。

ゲゼルシャフトにおいては、組織の上下関係さえも、あくまで契約とルールで定められたものであって、絶対的ではありません。マーケティング担当者として入社した人は、マーケティングの仕事をすることで組織から対価をもらいますし、同じようにチームリーダーとして迎えられた人は、リーダーとしての役割を果たすことで賃金を得ます。つまり上司というのは、機能として上司の仕事をしているに過ぎないのです。

ゲマインシャフトとゲゼルシャフトは、存在の目的や形態が異なる集団ですが、その成立過程には多分に経済的な事情が関係しています。資本主義が高度に発達し、経済的な余力がなければ、利益確保を目的にわざわざ組織を作り上げることなどできないからです。

つまり、生産力が乏しい社会では、必然的にゲマインシャフトしか選択肢がなく、こうした社会では、富が有限であるということも手伝って、報酬はやりがいなど、どちらかというと精神的なものにならざるを得ません。

一方、ゲゼルシャフトでは市場メカニズムが機能しており、結果として高い生産性が実現できているケースがほとんどですから、報酬を金銭で支払うことができます。必然的に、ゲゼルシャフトにおける意思決定は合理的になっていくのです。

意思決定が合理的であれば、ルールというものも有効に作用します。

ゲゼルシャフトの組織では、あらかじめ明確にルールが定められており、リーダーはルールに従って意思決定を行います。仮に意思決定に不満を持つ人がいたとしても、組織全体の利益が大きいと判断されれば、こうした意見は反映されません。構成員はルール（法）の下に平等ですから、同じ行為が、ある時には処罰の対象となったり、ある時は処罰されなかったり、ということはあり得ないというのが基本原則です。

貧しい社会は抑圧的になる

これに対してゲマインシャフトでは、集団の維持や秩序、情緒が優先ですから、同じ行為であっても、処罰の対象になることもあれば、そうならないこともあり、すべてはその場の状況で決まります。

テンニースはゲマインシャフトが成立する要因として地縁血縁といった人間関係の近さや、近隣、村落という物理的な距離の近さ、宗教など精神的なつながりなど複数の項目を列挙しました。

農村型ムラ社会はゲマインシャフトの典型ですが、集団が目的合理的に運営されておらず、構成員が選択的な帰属を望んでいない場合や、精神的なつながりが組織の核になっているような場合には、農村ではない場所でもゲマインシャフトが成立すると考えます。

例えば、日本における一部のサラリーマン社会は、構成員に選択権や自由意思がなく、情緒や人間関係だけで運営されていますから極めてゲマインシャフト的です。こうした企業では、先輩後輩の関係が絶対視され、サービス残業など対価とは関係のない労働が当たり前のように存在しています。企業という組織は一般的にはゲゼルシャフトだと思われていますが、条件次第では容易にゲマインシャフトになることが十分にあり得るわけです。

先ほどから何度も取り上げている東京オリンピック問題では、大会組織委員会の森喜朗前会長が女性蔑視発言を行って辞任するという出来事がありましたが、これも極めてゲマインシャフト的といってよいでしょう。

森氏は「女性が入っている会議は時間がかかる」という発言に加え、「組織委員会の女性はわきまえている」という発言を行っていましたから、端的に言えば、「女性は（組織委員会に参加している従順な女性のように）黙ってわきまえていろ」という趣旨になると思います。「立場をわきまえろ」「余計な発言をするな」「空気を読め」というのは、若者など相対的に立場の弱い男性に対してもよく発せられる言葉です。

こうした抑圧的な言動というのは、経済的に貧しく、奪い合いが行われているゲマインシャフト的な社会でよく見られるものであり、オリンピックが図らずも少ない富を奪い合う絶好の機会になっていたことを物語っています。

結局のところ、ゲマインシャフトとゲゼルシャフトを分ける最大の要因は経済合理性であり、経済的な基盤が確立していない社会では、ゲマインシャフトにならざるを得ないという面が否定できません。

豊かな経済を運営できなければ、必然的に抑圧が生じるという話ですから、社会のゲゼルシャフト化（つまり近代化）を進めていくことが重要となるわけですが、事はそう簡単には運びません。困ったことに、ゲゼルシャフトに属している人が必ずしも幸福であるとは限らないという大きな問題があるからです。

ゲマインシャフトでは、人々の感情が最優先ですから、うまく機能させれば、温かい人間関係を維持しやすいという特徴があります。濃密な人間関係が組織の基本ですから、少なくともゲマインシャフトの中では、多くの構成員は疎外感を味わう必要はありません。抑圧や差別があっても、一部の人が、前近代的な社会運営を強く望んでいるのはこれが理由と考えられます。

しかし、こうした濃密な人間関係を基軸とした社会は、時として暴力的な支配を誘発します。村八分はその典型ですが、集団全体の利益に合わないと判断された場合には、容赦なく制裁が加えられます。また秩序の維持が最優先ですから、価値観の多様性は基本的に認められません。周囲とは異なる価値観で行動する人や、秩序に従わない人もやはり周囲からの攻撃を受けます。

そこまで行かないにしても、基本的に行動の自由は存在しませんから、強い立場にある人が、弱い立場にある人に対して、本人の意思とは関わりなく私生活に介入・干渉する、いわゆるパターナリズムが起きやすくなります。「君のためを思ってやっているのだ」というパワハラ上司のセリフは典型的なパターナリズムですが、こうした上下関係や優越的関係には「傲慢と残忍の危険、したがって敵意にみちた強制的な取扱いをする危険が結びついている」（テンニース『ゲマインシャフトとゲゼルシャフト』）のです。

一方のゲゼルシャフトではこうした問題は発生しません。メンバーの権利や義務はあらかじめ契約として担保されています。組織におけるルールや契約は、すべてを支配する普遍的な理屈なので、組織のトップであってもルールに従う必要がありますし、このルールを破った場合には、たとえ地位の高い人でもペナルティが科されます。

また社内での地位が高い低いというのも、あくまで役職として規定されているだけで、全人格的にエライ人とは見なされません。社長はあくまで社長という役割と権限があるので社員に指示できるだけです。つまり、ゲゼルシャフトでは、本人に能力さえあれば契約に基づいてその能力を最大限発揮することが可能です。

すべてが合理的に決められるということは、構成員の存在についても同じことが言えます。構成員がその組織に残りたくないと考えれば、構成員はいつでも自由に組織をやめることができます。企業でいえば転職ということになるでしょう。

自分の居場所や精神的な満足感を自力で見つけ出せる人にとって、ゲゼルシャフトほど住みやすい世界はありません。しかし、このような主体性が求められる社会について居心地が悪いと考える人も一定数存在します。こうした人たちは、ゲゼルシャフト的な社会に対して、ある種の不快感や疎外感を覚えているのです。

合理的な社会が幸福とは限らないという矛盾

もしテクノロジーというものが十分に発達しておらず、財やサービスの生産に制限がある場合には、望むと望まざるとにかかわらず、多くの集団がゲマインシャフトにならざるを得ないでしょう。生産や移動が限られるわけですから、人々はもともと帰属していた地域での生活を受け入れるしか選択肢はありません。

こうした生活は世界史の中では「中世」的なものとして位置付けられます。

多くの人が意識しないままに通り過ぎているかもしれませんが、世界史の分野では「中世」と「近代（モダン）」には、決定的に大きな分断が存在すると考えます。

中世と近代はまったく異なる社会であり、すべての枠組みが変わります。民主主義や資本主義、国家、人権といった、現代のスタンダードとなっている思想や概念、価値観のほとんどは近代化によって誕生してきたものです。

中世から近代への移行は、主に精神的な変化と捉えられていますが、科学技術が果たした役割も無視することはできません。

イノベーションによって社会の生産力が格段に増強され、人々の生活が圧倒的に豊かになりました。自身が作ったモノや自分の労働力を市場で売買できるようになり、モノやサービスには交換価値が生じるようになりました。ギリギリの富を分け合う必要がなくなり、多くの人が主体的に自身の生活を確立できるようになったのです。

これが近代工業社会であり、これに伴って人々の価値観や組織のあり方も激変することになりました。先ほどまで説明してきたゲゼルシャフトは、近代工業化によって出現した集団形態と考えることができます。

人は一旦豊かになると、基本的にその生活の質を落とすことは困難です。医療が貧弱な社会では、食中毒になったり、風邪をこじらせただけで命に関わります。しかし豊かな社会では、よほど重篤な疾患でなければ命の心配をする必要はありません。

ゲマインシャフトとゲゼルシャフトにはそれぞれ長所と短所があるわけですが、多少の欠点があっても、経済的に豊かで、かつ個人の自由が尊重され、暴力的な支配から無縁となるゲゼルシャフトの方が良いに決まっています。実際、そうした理由から、多くの国が大枠としてはゲゼルシャフトを目指して経済や社会の運営を行ってきたわけです。

しかし、これまで述べてきたように集団の全員がゲゼルシャフト的な合理主義で満足できるとは限りません。一部の国では、少なくない割合の人が、しがらみがあっても従来型のゲマインシャフトを選ぶ傾向があります。

一般的に途上国ほど、ゲマインシャフト的な社会であることが多く、先進国の社会はほとんどがゲゼルシャフト的に運営されています。一方で、トルコのようにEU（欧州連合）への加盟を目指しながらも、人権保護などの面でなかなか近代化が実現できず、半分はゲマインシャフト的な国もあるわけです。

つまり、ゲマインシャフトからゲゼルシャフトへの移行というのは、歴史的必然ではありますが、超えなければならない大きなカベも存在しています。ゲゼルシャフト化に伴って発生する個人の疎外感という問題を解決できなければ、社会を適切に運営することはできないでしょう。

日本は経済的にも法制度の面でも基本的には先進国に分類されていますが、他の先進諸国とまったく同じレベルで近代化できているのかというとそうではありません。社会の一部ではゲマインシャフト的な風潮が色濃く残っており、これが、日本人特有のマインドを形成し、経済活動のマイナス要因となっています。

ゲゼルシャフトへの移行を完璧に実施するとともに、ゲマインシャフトの社会で育まれていた温かい人間関係を、うまくゲゼルシャフトに融合させていく必要があるのです。

第3章 日本はなぜかつて高成長だったのか

バブル崩壊以降、日本経済が低迷している原因のひとつが日本人のマインドであると主張すると、ほぼ必ずといってよいほど、「日本人のマインドが原因だと言うなら、昭和の時代に高成長できたことと矛盾する」といった反論が返ってきます。

勘の良い読者の方であれば、もうお分かりだと思いますが、重要なのは、「バブル崩壊以降」、日本経済が成長できなくなったという部分です。つまり昭和の時代には成長できていたものの、バブル崩壊以後、成長できなくなった理由のひとつとして考えられるのが、日本人のマインド（あるいは社会の前近代性）であるという話をしているのです。

昭和の時代に高成長が実現し、バブル崩壊以降に低成長に転じた理由のひとつがマインドであるという仮説を立てるならば、成長できなくなった理由は、バブル崩壊以降、日本人のマインドが突如変化したのか、もしくは、マインドに大きな変化はなかったものの、バブル崩壊以降、経済の仕組みが変わり、マインドの影響を受けやすくなったのかのどちらかしかありません。

国民のマインドが突如変化することは、通常考えにくいことですから、バブル崩壊以降、経済の仕組みが変わったと考えた方が自然でしょう。

筆者は、バブル崩壊以降、日本経済は輸出主導型経済から消費主導型経済にシフトせざるを得なくなり、個人消費が経済成長に及ぼす割合が高くなったと考えています。個人消費の水準というのは、国民のマインドに大きく左右されるものであり、消費主導型経済においては、国民のネガティブなマインドは成長の大きな阻害要因となり得るのです。

これが、昭和の時代に高成長を実現したにもかかわらず、バブル崩壊以降、成長できなくなった本当の理由です。

加えて筆者は、バブル崩壊以降、日本経済の構造が変わってしまった原因についても、日本人のマインドが大きく影響していると考えています。詳しくは後述しますが、バブル崩壊以降、日本の経済構造が大きく変化したのは、製造業の国際競争力が著しく低下し、輸出主導型経済が成立しなくなったことが原因です。そして製造業の国際競争力が低下した最大の要因は日本人の思考回路にあると見ています。

整理すると、日本は90年代以降、外界の変化にうまく対応できず、結果として経済構造の変化を余儀なくされましたが、そうなってしまった理由のひとつとなっているのが、日本人特有のマインドです。そして、新しく到来した経済構造において重要な役割を果たす個人消費の動向を大きく左右するのも、やはり私たちのマインドです。つまり日本はマインドの影響で外界の変化に対応できず、同じくマインドの影響によって、新しく到来した経済構造下においても実力を発揮できない状況に陥っているのです。

第3章では、なぜ日本がほぼゼロ成長に転落してしまったのか、そして、今の経済構造において、マインドがいかに重要な役割を果たすのかについて解説していきます。

日本はバブル崩壊以降、事実上のゼロ成長

日本経済は１９８０年代までは、オイルショックなどの逆風もありましたが、総じて順調に成長できていました。ところが80年代に発生したバブル経済が崩壊すると、成長率が大幅に低下し、事実上のゼロ成長が続いています。世間ではよく「失われた30年」などという言葉が使われていますが、相応の経済力を持つ先進国が30年もゼロ成長に陥るというのは、ほかに例がありません。

一般的に、日本の景気低迷が長引いたのはバブル崩壊の後始末が原因とされています。確かにバブル崩壊の影響は大きく、銀行が抱えた不良債権の処理には相当な時間がかかりました。これが景気拡大の足かせになっていたのは間違いないでしょう。

しかし時間がかかったとはいえ、不良債権は処理されましたし、日本長期信用銀行（長

銀）、日本債券信用銀行（日債銀）といった長信銀や、1997年に破綻した北海道拓殖銀行（拓銀）など一部を除き、金融機関の大半は合併などで存続が図られました。不良債権の処理期間中も新規の融資は行われましたし、株式市場など直接金融市場は問題なく稼働していましたから、金融システムが破壊されてしまったわけではありません。

バブル崩壊の爪痕が大きかったからというだけの理由で、30年も経済成長が実現できないということは、通常、あり得ないことだと思ってよいでしょう。

また一部の論者は緊縮財政が原因であると主張していますが、これも30年間の経緯と統計データを冷静に分析すれば正しい指摘ではないことが分かります。

後ほど詳しく説明しますが、日本政府はバブル崩壊以降、景気を回復させるため、むしろ財政出動を強化しており、大きな政府に転じています。日本は緊縮財政どころか、バブル崩壊から立ち直るために積極財政に転じたと解釈した方が自然です。ところがバブル崩壊以降の日本経済はあまりにも成長力が乏しく、大型の財政出動はほとんど効果を発揮しませんでした。緊縮財政で景気がダメになったのではなく、景気がダメなので積極財政を行ったにもかかわらず効果がなかったというのが実態です。

これは財政出動をしても効果がないほど、低成長体質が深刻であることを意味している

世界輸出シェアの推移

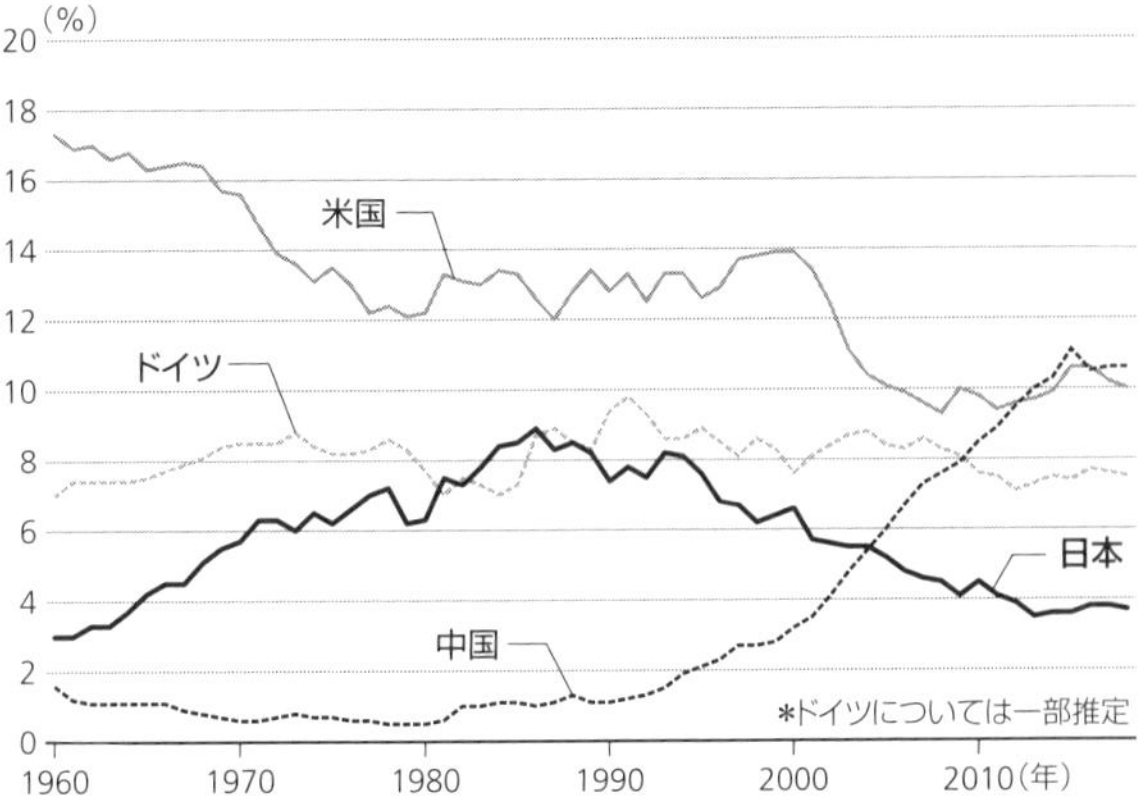

出所：世界銀行、IMFなどから筆者作成

わけですが、なぜバブル崩壊以降、日本経済は低成長に転じてしまったのでしょうか。

最大の理由は、1990年代以降、急激に進んだ経済のグローバル化とIT化の流れに日本企業が対応できず、企業の輸出競争力が大幅に低下したことです。昭和の時代までは、製造業の輸出が日本経済のエンジンでしたが、これが一気に不調になってしまったことで、成長が難しくなったのです。

図は世界貿易における各国の輸出シェアを示したグラフですが、日本の輸出シェアは1990年頃を境に急激に低下していることが分かります。90年前後が境界線になっているのは、バブル崩壊が原因ではありません。バブル経済とその崩壊は日本だけの現象ですし、バブル崩壊によって影響を受けたのは金融機関や不動産会社であって、多くの製造業は無傷でした。何か別の要因で輸出競争力が低下し、その結果として日本の輸出シェアが下がったと考えるべきでしょう。

輸出によって経済を成長させると聞くと、輸出から輸入を差し引いた貿易黒字が経済を動かしているとイメージする人も多いのですが、これはマクロ経済に対するよくある誤解です。

マクロ経済には企業会計のような利益という概念はなく、どれだけの取引が行われたのかという数量が豊かさを決定します。したがって輸出で経済成長を実現するという話は、貿易黒字という利益で経済を回すという意味ではなく、輸出という外需を活用して国内の取引を増やすという解釈になります。

具体的に言うと貿易黒字国というのは、国内需要に加えて海外の需要も取り込んでいるということであり、企業は国内で消費される分以上の製品を生産していることを意味しています。

生産する額が大きくなれば、工場などに対する設備投資もその分だけ増えていきます。企業の設備投資というのは、多くが国内の工場や関連施設などへの支出ですから、設備投資が増えれば国内のあらゆる業種が潤います。その結果、海外に製品を輸出している製造業だけでなく、サービス業も含めた多くの企業の業績が好調になり、これが国内の所得を増やし、最終的には国内消費を活発にするという流れで経済が成長します。

つまり、産業の基本構造が輸出主導型だった場合、輸出増↓生産拡大↓国内の設備投資拡大↓所得拡大↓消費拡大という流れで経済が成長していきます。昭和時代における日本の経済成長はまさにこのメカニズムによるものです。

実際、高度成長を実現した昭和の時代には、GDPに占める設備投資の割合が高く推移しており、設備投資が国内の経済を牽引《けんいん》していたことが分かります。しかしバブル崩壊以降、日本の製造業は急激に競争力を失い、多くのメーカーがコスト対策から海外に工場を移転し、国内の設備投資が弱体化。結果として日本は主に国内消費で経済を回す構造にシフトせざるを得ませんでした。

日本の製造業が競争力を失った原因は、経済のグローバル化とIT化の流れを見誤ったことですが、この戦略ミスをもっとも分かりやすく説明すると、PC（パソコン）時代にうまく対応できなかったという話に集約できるでしょう。

日本の半導体産業が壊滅した原因は「傲慢さ」

半導体は「産業のコメ」などと形容されますが、日本の半導体産業はかつて世界最強と言われていました。特に１９８０年代にはＤＲＡＭ（記憶保持動作が必要な随時書き込み読み出しメモリー）分野で日本メーカーが市場を席巻し、一時、ＤＲＡＭ製品の世界シェアは80％に達していました。

日本のＤＲＡＭが大成功したのは高い品質の製品を大量生産できたからです。

当時のＤＲＡＭの用途は主にメインフレーム（汎用機）と呼ばれる大型コンピュータでした。汎用機は極めて高価な製品で、搭載する部品にも高い信頼性が要求されていましたから、そうした用途には高品質な日本製のＤＲＡＭがぴったりだったわけです。日本メーカーは、汎用機の分野でもそれなりに成功しており、コンピュータ本体と、そこに搭載するＤＲＡＭの両方でビジネスを展開することができました。

ところが、この市場構造を劇的に変える出来事が発生します。それは90年代以降、全世界に急激に普及したパソコンの台頭です。

パソコンの普及によって、数千万円という価格だったコンピュータが、最終的には10万円程度まで下がり、しかも1人1台、コンピュータを保有するという、これまでの時代では考えられない環境となりました。

パソコンの普及は、現代の高度ＩＴ化社会におけるすべての起点となっており、まさに革命的な出来事だったのですが、日本メーカーはパソコン普及の動向をほぼ完璧に見誤りました。誰の目にもパソコンの普及が明らかになっているにもかかわらず、大型コンピュータの製造に固執し、ＤＲＡＭも大型コンピュータ向けの高品質な製品にこだわり続けたのです。

この間に、韓国メーカーや台湾メーカーはパソコンとその関連部品の製造に本格的に乗り出すとともに、ＤＲＡＭもパソコンに特化した安価な製品を大量に供給しました。日本メーカーは、韓国勢と台湾勢に対抗するため、価格を大幅に引き下げましたが、高品質な体制を変えずに価格だけを下げたため、各社は大赤字に転落。最終的にはほぼすべてのメーカーがＤＲＡＭから撤退するという悲惨な結果となりました。

日本メーカーがパソコン市場の動向を見誤った最大の原因は、日本人の「傲慢さ」であるとの指摘がありますが、筆者もまったく同感です。

日本人は自国の技術を常に過大評価し、逆に他国の新しい技術については過度に軽視し、貶める傾向が顕著です。これは内と外を区別するムラ社会的な風潮にほかなりません。メディアの記事をざっと見ただけでも「ニッポンスゴイ」という記事がやたらと目に付きます。どの国にも自国を賛美する傾向は見られるものですが、特に日本人の場合、成功体験に基づく傲慢さは突出している印象があります。

筆者は大学卒業後、ジャーナリストとしてキャリアをスタートさせましたが、筆者が駆け出しの記者だった90年代はまさに日本のコンピュータ産業と半導体産業の凋落《ちょうらく》が本格化する時期でした。筆者は主要メーカーのほとんどに取材に行った経験がありますが、各社の事業責任者の反応は驚くべきものでした。

パソコンの普及が急ピッチで進んでおり、それに伴って産業構造が大きく変わろうとしている時期だったことから、筆者は各社の事業責任者に「パソコンの台頭によって、大型コンピュータの競争力が急低下する可能性はないのか」といった質問をしていました。それに対して多くの責任者が「パソコンで作ったシステムが重要業務を担うなど『絶対』にあり得ない」と断言していました。

技術の世界は常に変化するものであり、基本的に「絶対」ということはありません。筆者は丁寧に「パソコンの技術が驚異的に進歩している現状を考えると『絶対』とは言えないのでは？」と再度質問したのですが、その責任者は語気を強めて「あり得ない」を繰り返し、あげくの果てに「君は何も分かっていない」「技術に対する不勉強にも程がある」と激高する有様でした。

自身が思い描いている価値観と異なる質問が出てきた場合、自身は専門家なわけですから、自説を裏付ける客観的なデータを示し、論理的に説明すれば済む話です。ところがどういうわけかこの手の人たちは、激高し相手を威圧するという形でしか自身の意見を主張することができません。そして、こうした行為に及ぶ日本人の割合はかなり高いというのが筆者の率直な印象です（特に役職が上がるにつれてこうした人の割合が急上昇していきます）。

意に沿わない質問を受けると激高したり、威圧的に振る舞ったり、相手を罵倒する発言を行ったりするというのは、今の時代でも多くの政治家や一部のキャリア公務員、企業幹部に見られる言動です。特にコロナ危機では、比較的高い地位にある人たちが自身の意に沿わない質問をされるケースが増えましたから、このような野蛮な振る舞いをあちこちで目にしたのではないでしょうか。

筆者は米国企業やアジア企業などにも取材に行きましたが、意に沿わない質問をした時の相手の反応はほとんど同じです。たいていの場合、「It's a good question.（それは良い質問ですね）」と言って笑顔を見せ、自分は余裕があるかのように振る舞い、穏やかに反論してきます。彼等は人前で激高したりするのは、余裕がなく能力が低い人物の特徴であると考えており、できるだけ冷静に振る舞おうとします。取材する側からすると、こうしたミエミエのタテマエもどうかとは思うのですが、これがお決まりのパターンです。

先ほど筆者は、日本人は傲慢だという話をしましたが、事情は少し異なるかもしれません。日本メーカーがこれまでの成功体験で驕《おご》っていたのは事実ですが、一方で、パソコンの台頭による産業構造の転換は誰の目にも明らかであり、この事実を認識できなかったはずがありません。つまり望ましくない状況が到来していることへの不安から、逆に過去を絶対視するようになり、意見の合わない相手には攻撃的、威圧的に振る舞うという状況になったと考えた方が自然でしょう。

その結果、自社の戦略に固執し、失敗に向かって真正面から突き進んでしまったというのが日本のコンピュータ産業と半導体産業の顚末《てんまつ》ですが、それだけで話は終わりません。日本の場合、大きな失敗を経験した後も、何度も同じ過ちを繰り返すからです。

日本企業の失敗パターンはいつも同じ

先ほど説明したように、日本の半導体産業は、成功体験への過度な自信から戦略を誤り、韓国勢や台湾勢に完膚《かんぷ》なきまでに叩きのめされました。日本政府は半導体産業の復活を国策として掲げ、多額の税金を投入して支援したものの、従来とまったく同じ戦略を続けたことから、ほぼすべての案件が頓挫《とんざ》するという大失態を演じています。

政府（経済産業省）は半導体産業の凋落という現実を前に「日の丸半導体復活」という勇ましい目標を掲げ、国策半導体会社ともいうべき企業の設立を促進しました。

1999年にはNECと日立製作所の部門を統合したエルピーダメモリが発足、続いて2010年には、日立製作所と三菱電機の半導体部門とNECエレクトロニクスを統合し、ルネサスエレクトロニクスが誕生しました。国策会社の設立はさらに続き、2012年には、日立製作所、東芝、ソニーの中小型液晶パネル事業を統合したジャパンディスプレイを発足させています。

これらの企業には、産業革新機構（現産業革新投資機構）などの政府系ファンドや政府系金融機関などを通じて多額の税金が投入されましたが、ほぼすべての案件が失敗に終わりました。

エルピーダメモリは巨額赤字を計上して2012年に経営破綻。事業は米マイクロン・テクノロジーに売却されています。ルネサスも業績がなかなか安定せず、一時期は経営危機が囁かれました。極めつけはジャパンディスプレイで、同社は発足から2年でスピード上場したものの、いきなり業績を下方修正し、その後は連続して赤字を計上。現在でも赤字を垂れ流し続けている状況です。

ジャパンディスプレイは政府が全面支援しているにもかかわらず、自社工場の建設資金の確保すらままならず、顧客の米アップルに負担してもらう有様でした（顧客に工場の建設資金の面倒を見てもらうことは、顧客に従属することを意味しており、ビジネスの世界では原則として御法度です）。控え目に言っても、経営はメチャメチャであったと言い切って差し支えないでしょう。

一連の国策半導体会社が失敗した理由は様々ですが、もっとも大きいのは80年代から続く高コスト体質の見直しを行わず、価格だけを引き下げたことです。

日本の半導体産業が韓国勢や台湾勢に敗れたのは、低コストな製品の量産に失敗したからです。パソコン用の半導体は、品質はそこそこで問題ありませんが、コストを絶対的に安くする必要があります。特にエルピーダがそうなのですが、90年代の失敗とまったく同じ轍《てつ》を踏んでいます。

同じ半導体産業でも、DRAMの競争に敗れたという点では米国企業も同じですが、米国はその失敗を生かし、パソコン用のCPUや画像処理チップなどに特化し、完全復活を果たしているのとは対象的といってよいでしょう。

過去の成功体験に異様なまでにこだわって変化を拒絶し、失敗が明らかになった後も、再び同じ失敗を繰り返すという点において、日本メーカーと日本政府の行動は極めて特徴的です。ここでは半導体のケースを取り上げましたから、たまたま半導体業界がそうだったのではないかとの意見が出てくるかもしれませんが、同じようなケースは枚挙に暇がありません。

半導体メーカーと同じく、日本のもの作りを支えてきた企業のひとつである三菱重工業は、日本初となる国産ジェット旅客機「三菱スペースジェット（旧MRJ）」の開発に乗り出しました。政府も全面的な支援を行っていましたから、これも国策事業だったといってよいでしょう。同社は総額で約1兆円の資金を投資しましたが、結局1機も顧客に納入することなく、事実上の撤退を余儀なくされました。

この事業が失敗した最大の原因は、米国の型式証明の取得に難航したことなのですが、その背景には自社技術に対する過信があったと言われています。

航空機の場合、米国の型式証明を取得できなければ、実質的に世界の空を飛ぶことはできません。いくら自社技術に自信があっても、他国には他国のルールがありますから、ニッポン流をゴリ押しすることは不可能です。ところが同社は自社の技術は高いので、米国の審査は簡単にパスできると考えていたため、想像以上に認証作業が難航。その間にライバルメーカーが次々と新型機を投入し、同社の事業機会は急激に縮小してしまいました。型式証明取得の失敗が今回、初めてということであれば、それもやむを得ないかもしれません。ところが同社は、過去にもまったく同じ過ちを犯しています。

同社は１９７８年、国産初のビジネスジェット機ＭＵ－３００を開発しましたが、今回と同様、米国政府の型式証明の取得に手間取り、キャンセルが相次いだことから、撤退を余儀なくされました。米国型式証明の取得が大きな障壁になることが分かっていながら、まったく同じミスを繰り返しているのです。

自らの成功体験で傲慢になりやすく、同じミスを繰り返す傾向が強いというのは、戦前の日本の振る舞いからも見て取れます。

誰もが知っているように、日本は超大国である米国に戦争を仕掛けるという無謀な決断を行い、国土の大半を焼失したうえに、人類史上唯一となる核攻撃を２発も受けるなど、国家の存続が危ぶまれる状況まで追い込まれました。

　太平洋戦争の開戦直前、米国のＧＤＰは日本の11倍もの規模がありました。今とは異なり為替レートが硬直的なので、多少、幅があると考えた方がよいと思いますが、それにしても到底、全面戦争ができる相手ではありません。

　当時、ＧＤＰという概念は存在していませんでしたが、各種統計から今でいうところのＧＤＰに近い指標を計算することは可能であり、実際、日本政府は両国の体力差について分析を行っています。日米における鉄鋼の生産能力の差は約９倍、自動車の保有台数の差は２００倍、発電量の差は約５倍という状況であり、どのような理由であれ全面戦争はできないという状況でしたが、なぜか開戦は決断されました。

　そもそも経済規模が10倍以上もある国と全面戦争するという決断自体が常軌を逸していますが、それ以外にも致命的なミスがたくさんありました。もっとも大きいのは軍装備の近代化の遅れでしょう。

　昭和初期は今の時代と同様、テクノロジーが急激に進歩していた時代でした。各国は歩兵を中心とした従来型の軍隊から、戦車や装甲車などハイテクを駆使した近代型組織へのシフトを進めていました。日本でも同じような議論がありましたが、日露戦争における成功体験や、ハイテク化で影響を受ける人材の処遇問題などから、軍の近代化に反対する意見が極めて強く、日本は軍のハイテク化で大きく出遅れました。

こうした状況で発生したのが、日本と旧ソ連の軍事衝突です（ノモンハン事件＝1939年）。

日本軍は近代装備を持つ旧ソ連軍の攻撃で大打撃を受けてしまいます。ノモンハン事件によってテクノロジーの重要性がハッキリと示されたわけですが、日本軍はこの失敗を生かすことができず、何も変わらない状態で米国との戦争に突き進んでいきます。ハイテク化の流れを無視し、経済規模が10倍以上もある、世界最大の資源・工業国に旧装備で戦争を仕掛けるわけですから、結果は見えていたも同然でしょう。

過去の成功体験からくる驕り、最新技術の軽視、科学やデータを無視した意思決定、という3つの特徴は、今も変わっていないことがお分かりいただけると思います。そしてこうした日本人特有の思考回路というのは、第2章でも解説した通り、日本社会に色濃く残る前近代性に密接に関係している可能性が高いのです。

内と外を異様に区別する、過去の経験や体験を絶対視する、情緒や利権を優先し、科学的な合理性を無視するという言動は、前近代社会に見られる典型的な特徴ですが、例にあげてきた日本の失敗事例は、ほぼすべてにこのパターンがあてはまります。

輸出でGDPが伸びた高度成長期

日本人がこうしたマインドを持っているにもかかわらず、戦後の日本は（少なくともバブル崩壊までは）なぜ高度成長を実現できたのでしょうか。その理由は、工業製品の輸出による経済成長という特殊要因が働いたからです。

繰り返しになりますが、輸出が行われているということは、自国で消費する以上の製品を国内で生産していることを意味しています。自国で消費する以上の製品を生産することによって規模の大きな設備投資が行われ、これが国内経済を潤します。つまり輸出主導型経済の原動力となるのは海外の需要であり、海外の需要というのは国内事情とは無関係に決定されます。この点において戦後の日本は非常にラッキーでした。

日本の高度成長のきっかけは、1950年に勃発した朝鮮戦争です。

米国は朝鮮半島に大量の物資を供給する必要に迫られ、日本は事実上、米軍の後方支援拠点となりました。日本企業には次々と注文が入り、製品を作っても作っても足りなくなるという状況で、日本企業は一気に成長軌道に乗ることができたのです。

今でこそ中国や東南アジアなど賃金の安さを生かして大量生産する工業国はたくさんありますが、当時は、安い賃金で安価に工業製品を製造できる国は日本だけでした。このため朝鮮戦争終了後も、各国から工業製品の注文が相次ぎ、日本経済は奇跡の高度成長を実現します。

当時の日本が製造する製品には独自開発したものはほとんどなく、たいていが欧米企業の模倣品（今風の言葉で言えばパクり）で、まさに今の中国と同じような位置付けでした。こうした製品は、安価に大量生産できれば事足りますから、企業も緻密な戦略を立てる必要はなく、とにかく長時間労働で頑張れば業績を拡大できたのです。

当初、繊維製品が強かった日本ですが、その後、主力産業が造船、機械、自動車、半導体とシフトしても、欧米企業と同品質の製品を安いコストで製造するという手法は通用し続けましたから、オイルショックなどの逆風はあったものの、80年代までは基本的に成長を持続できたわけです。

しかしながら、歴史の必然として高い競争力を持った工業国は、かなりの確率で後発の新興国にその座を奪われます。日本もその例外ではなく、韓国や台湾、中国、東南アジア各国が次々と工業化を実現し、80年代以降、各国はより安価な工業製品の大量生産に乗り出しました。

90年代に入ると、IT化の進展というこれまでにないパラダイムシフトが発生し、多くの企業がビジネスモデルの転換を迫られました。新興国の多くはこのパラダイムシフトを最大のチャンスと捉え、時代に合った製品を続々と市場に投入します。ところが日本は新興国企業への対応を怠り、加えて、ビジネスのIT化にも消極的でした。その結果、工業製品の国際競争力の急低下という事態を招き、輸出主導型経済は瓦解。望むと望まざるとにかかわらず、消費主導型経済へのシフトを余儀なくされたのです。

日本と同様、ドイツも従来型ビジネスモデルの限界というカベに突き当たりましたが、彼等は厳しい現実を率直に認め、国民全員に厳しい目標を課して業態転換を実施することで、製造業の生き残りを図りました。

日本人は、過去の成功体験を過信するという傲慢さから戦略を誤り、世界トップの工業国の地位を自ら放棄してしまいましたが、先ほども述べたように先進的な工業国が後発国にその座を奪われることは珍しいことではありません。

日本が工業国として台頭する以前は米国がその地位にいましたし、その前は英国が世界トップの工業国でした。さらに歴史を遡れば英国以前にはオランダが覇権を握っていた時代もあります。時代が変わっても世界屈指の工業国としての地位を維持しているのは、先ほど例にあげたドイツくらいでしょう。

では、工業製品の競争力で後発国に敗れた国々は成長できなくなり、貧しい生活を余儀なくされているのでしょうか。当然ですが、そうではありません。

米国に敗れた英国も、日本に敗れた米国も、引き続き世界屈指の豊かな先進国であり、経済は順調に成長しています。その理由は、成熟した先進国というのは、国内にしっかりとした消費市場が存在しており、国内消費つまり内需だけで成長を持続できるからです。

日本も残念なことに工業国としては敗北しましたが、他の先進諸外国と同様、国内市場をうまく活用すれば、国内消費で高い成長を実現できたはずです。ところが日本だけが消費主導型経済への転換がうまくいかず、30年もの長きにわたって事実上のゼロ成長が続いています。

その理由は、消費主導型経済において成長のエンジンとなる個人消費が低迷を続けているからですが、個人消費が低迷する最大の原因と考えられるのが、本書のテーマでもある国民のマインドなのです。

輸出主導型経済の場合、経済を動かす基本的な原動力は国外にあります。国外の需要が起点となって、製造業が輸出を増やし、その結果として国内の設備投資が増えることで所得が増加、最終的には国内消費も拡大します。すべての起点は海外の需要にありますから、海外の需要が続く限り、輸出主導型経済は成長を持続できます。逆に言うと、海外の需要をうまく取り込めなくなると、輸出主導型経済は行き詰まりますが、90年代以降の日本はまさにこの状況にあります。

ところが消費主導型経済は、輸出主導型経済における外需のように、外生的に決まる要因が存在しません。消費主導型経済では、国内消費が拡大することで企業が国内の商業施設などに対する設備投資を行い、この支出が国民の所得を増やし、消費を拡大させるという循環で経済が成長していきます。

つまり、消費を拡大するためには、消費を増やさなければならないという、ある種の循環論法が必要となるのです。そして消費を拡大するための本質的な方法というのは、経済学では解明されていません。

消費が活発な国でなければ、消費主導型経済で成長できないということであり、消費を活発にするためにはどうすればよいのかというと、明確な解決策が出てこないのです。今の日本経済が底なし沼のような状況から抜け出せず、多くの人が戸惑っているのはこれが原因です。

もちろん消費を拡大するための間接的な方法はいくつも提唱されています。代表的なのは財政出動による景気刺激策でしょう。

積極財政が機能せず

財政出動は、政府が意図的に需要を作り出し、それによって国内の設備投資を促進することで、所得の増大と消費拡大を目指す経済政策です。

1929年に発生した世界恐慌によって壊滅的な打撃を受けた経済を復活させるため、米国のルーズベルト大統領は大規模な公共事業を実施しました（ニューディール政策）。この政策が絶大な効果を発揮したことから、財政出動は景気対策の王道として定着することになったのです。学術的には当時、世界的な経済学者だった英国のケインズがこの仕組みを理論化し、財政出動は今でもケインズ経済学の根幹を成しています。

古典派の経済学においては、景気が悪くなると企業は値引きやリストラを行い、どこかのタイミングで景気は勝手に反転すると考えます。放っておけばいつかは景気が回復するというのはウソではありませんが、その間に何もしないでいると国民生活は悲惨な状況に陥ってしまいます。

このような時には、政府が意図的に需要を作り出し、企業が生産するモノやサービスを積極的に購入することで景気回復のきっかけにする、というのが財政出動の基本的な考え方といってよいでしょう。

しかしながら、いくら政府が財政出動を行っても、企業が経済の先行きを悲観した状態では設備投資を増やす決断は行いません。企業が先行きを悲観する最大の理由は、企業にとっての最終顧客である消費者が支出を増やそうとしないことです。

こうした状態で財政出動を行っても、その時に支出した分しかGDPは拡大しないことがほとんどです。財政出動というのは、政府による支出をきっかけに持続的に経済が拡大することを狙って実施するものですから、単発の効果だけでは意味がありません。

支出した金額分以上に経済が拡大していくことを「乗数効果」と呼びますが、消費者が財布の紐を固く閉じている状態（消費性向が低い状態）では、十分な乗数効果が得られないのです。

日本経済が30年近くも事実上のゼロ成長を続けていることについて、一部の論者は日本

政府支出のGDP比率の比較

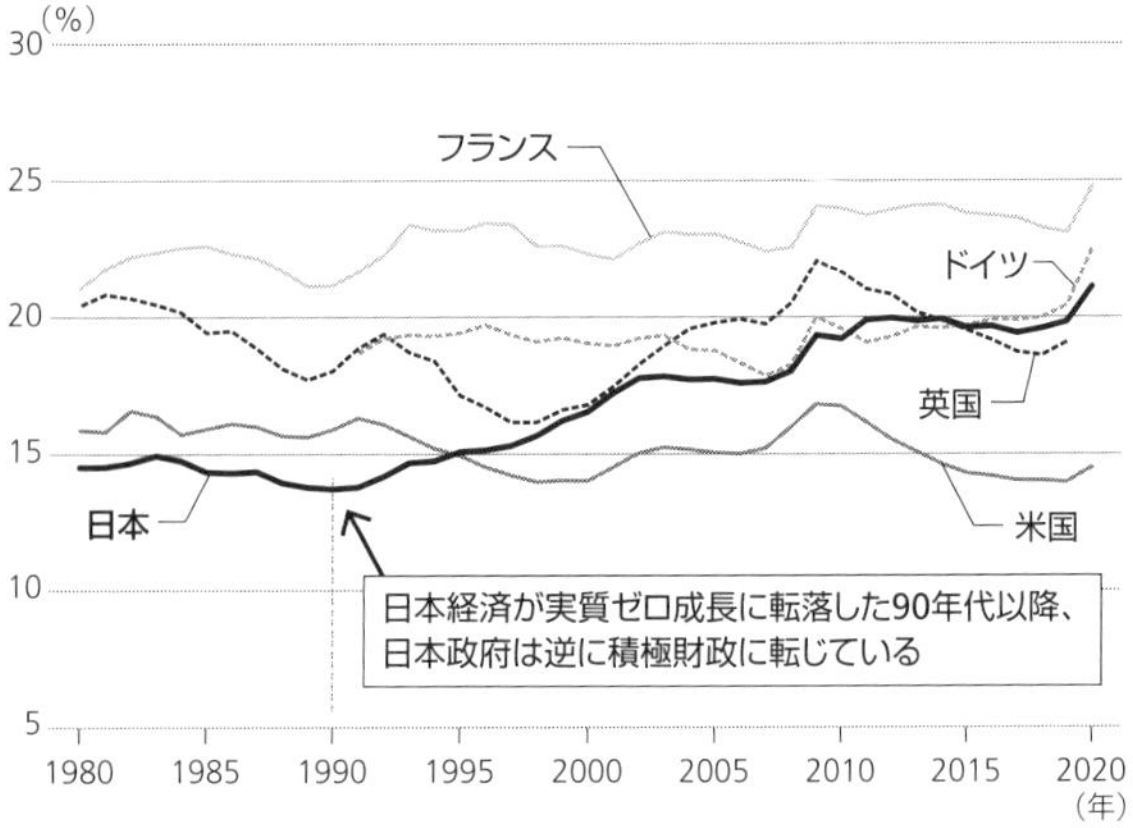

出所：IMFなどから筆者作成

が緊縮財政を行っていることが原因であると指摘しています。

しかしながら、過去のデータを冷静に、かつ客観的に分析するとそうではないことが分かります。日本は諸外国と比較すると、緊縮財政どころかむしろ積極財政といってもよい状況なのですが、大型の財政出動はほとんど効果を発揮していません。財政出動を行っていないのではなく、継続的に実施してきたにもかかわらず、効果が出ていないというのが現実なのです。

図は各国のGDPに占める政府支出比率の推移を示したグラフです。

日本は1980年代までは政府支出の比率が15％以下となっており、フランス、英国、米国など諸外国よりも低い状況でした。確かにこの数字を見れば、80年代までは緊縮財政だったと判断することも可能かもしれません。

しかし日本経済は80年代までは順調に拡大していましたから、日本は黙っていても経済成長が実現できたので、財政出動を行う必要がありませんでした。つまり、日本は緊縮財政下で経済成長を実現したとも言えますし、経済成長していたので緊縮財政だったと言い換えることも可能です。

ところが日本の財政支出は90年代に入って大きな変化を迎えます。

90年代以降、日本の政府支出は増大する一方となり、現在では21％以上とかなり高い比率まで上昇しています。これは大きな政府の代表であるフランスやドイツに迫る数字であり、英国や米国よりもはるかに高い水準です。今の日本は緊縮財政どころか積極財政であると判断してよいでしょう。過去の推移を見る限り、日本は90年代を境に積極財政に転じたということになりますが、なぜ日本政府は90年代以降、緊縮財政から積極財政に転じたのでしょうか。

ここまで本書をお読みの方はもうお分かりだと思います。日本政府が積極財政に転じたのは、90年代以降、日本経済が成長できなくなり、その対策として大型の財政出動を余儀なくされたからです。

実際、90年代は数兆円規模の公共事業が何度も実施され、特に90年代後半はその動きが加速。1985年時点で134兆円だった国債発行残高は2000年には368兆円まで増大しました。1998年から2000年まで首相の座にあった小渕恵三氏は、景気がなかなか回復しないことから過去最大規模の公共事業の実施を決断し、自身を「世界一の借金王」と揶揄《やゆ》していたくらいです。

少し話はそれますが、小渕氏の自虐的なジョークからも分かるように、当時の政治家にはユーモアと余裕、そしてリーダーとしての存在感がありました。小渕氏は、田中角栄元首相の娘である田中眞紀子元衆院議員から「凡人」と揶揄されるなど、どちらかというとリーダーシップに欠ける人物との評価がもっぱらでした。しかしながら、小渕氏の言動を今、振り返ってみると、現時点で政権幹部となっている政治家たちと比較して、かなりの存在感だったといってよいでしょう。

話を元に戻しますが、一連の経緯を見れば、日本は緊縮財政で成長できなかったのではなく、経済成長ができなくなり、結果として積極財政に転じてテコ入れを行ったものの、十分な効果を発揮できなかったことが分かります。

90年代から実施している積極財政に効果がなかったという認識は、その後のほぼすべての政権に継承されています。

2001年に誕生した小泉政権が掲げたのは、規制緩和を中心とする構造改革路線でした。構造改革路線に明確な経済理論があったわけではありませんが、あえて言えば、1980年代に米国のレーガン政権で採用された「サプライサイドの経済学」が根底にあると見なすことができます。

これは、財政出動に代表されるような需要側に働きかけるやり方ではなく、規制緩和によって企業の経営環境を変える、あるいは、大胆な減税によって投資を促進するなど、供給側の構造を変えることで成長を実現するという考え方に基づいています。

異常な消費低迷という底無し沼

小泉氏が構造改革路線を主張する背景となっていたのは、巨額の費用を投じて実施してきた公共事業にほとんど効果が見られなかったという共通認識です。

当時は多くの専門家が、大型の公共事業が効果を発揮しなかったのは、日本経済の構造そのものに問題があったからであり、当該部分を改革しなければ、持続的な成長は実現できないという主張を行っていました。つまり、小泉政権の核となった経済政策の背景には、財政出動を行っても効果が得られなかったというリアルな現実があったわけです。

しかしながら、小泉政権が掲げた構造改革も結局はうまくいきませんでした。同政権が実施した政策は安易な規制緩和一辺倒であり、こうした荒っぽい政策は企業のリストラを促進する作用しかもたらしません。結果として日本では非正規労働者が急増し、賃金が著しく低下するという事態を招いてしまいました。本来であれば、企業の経営を改革すべきところ、企業のコストダウンばかり促してしまい、企業の体質転換は実現しなかったのです。

２０００年代はリーマンショックが発生するまで、米国が空前の好景気となり、日本の輸出は見かけ上復活しました。その結果、多少、景気は持ち直したのですが、持続的な成長が実現できなかったという点では何も変わりません。

日本のゼロ成長がさらに深刻化したことから、安倍晋三元首相は量的緩和策を軸にしたアベノミクスを掲げ、主に金融政策で日本経済の回復を図ろうとしました。アベノミクスはまったく新しい経済政策であるかのように思われがちですが、そうではありません。アベノミクスの中核となっている量的緩和策も、実は90年代に実施した公共事業と、その後の小泉構造改革路線と密接に関係しているのです。

経済学の教科書を読むと分かりますが、政府の政策で景気を浮揚させる方法は、基本的には3つしかありません。ひとつは先ほどから説明している「財政出動」、もうひとつは、中央銀行がマネーをコントロールすることで金利や物価を動かして景気を浮揚させる「金融政策」。最後は小泉政権が採用した「サプライサイドの経済政策」です。

わずか3つしかない景気浮揚策のうち、財政出動は何度も実施し、サプライサイドの経済政策も行ったものの、中途半端な状況で改革は中止となりました。安倍政権にとっては、残るひとつの方策である金融政策しか頼る方法がなかったというのが現実です。

リーマンショック後の景気回復には、より積極的な金融政策を行い、物価を高く誘導することが極めて有効というのが各国の一致した見方であり、諸外国が一斉に量的緩和策の実施を主張していたことも安倍政権にとって追い風となりました。しかしながら、3つある景気浮揚策のうち2つを使い果たしてしまった日本にとっては、量的緩和策というのは最後の頼みの綱でもあったわけです。

残念なことですが、金融政策を軸にしたアベノミクスも目立った成果を上げることができず、事実上の中断に追い込まれてしまいました。

結局のところ、経済学の教科書に載っている3つの方法をすべて試しても、日本経済を回復軌道に乗せることはできなかったわけです。安倍政権では、成長の大半を財政出動に頼る状況となっていますから、緊縮財政どころか、むしろ積極財政に分類することができるでしょう。

近年の傾向として特に懸念されるのは、消費が極度に落ち込んでいることです。これはアベノミクスが悪いといった単純な話ではなく、日本経済の低迷がさらに深刻化し、消費に致命的なダメージが生じたことを示唆しています。

もっともアベノミクスでは量的緩和策を実施して大量のマネーを市場に供給しましたから、必然的に円安が発生し、輸入価格が上昇するという副作用をもたらしました。私たちが日頃、購入している商品の多くは輸入によって成り立っていますから、円安になると消費者の生活は一気に苦しくなります。アベノミクスによる円安が消費低迷に追い打ちをかけたことは間違いなく、財政出動で穴埋めをしていたというのが実態です。

これまで実施してきた経済政策は、経済学的にはある程度の効果が検証されているものですから、経済政策そのものがインチキだったわけではありません。そうだとすると、日本の場合、経済政策が効きにくい独特の構造的要因があると考えるよりほかに、30年も成長を実現できなかった理由について説明できないのです。

より具体的に言うと、日本は90年代以降、消費主導型経済にシフトしたにもかかわらず、致命的なレベルまで消費が低迷しています。この異常な消費低迷こそが日本が成長できない元凶であり、それは日本人のマインドがいまだに消費主導型経済に合致していないことと密接に関係しています。

この部分を改善しない限り、持続的な成長を実現するのは難しいと筆者は考えています。

第4章

経済学は消費を増やす方法を教えてくれない

第3章では、日本が消費主導型経済にシフトしているにもかかわらず、国内消費の低迷が続き、これが成長を阻害している現実について解説しました。過去20年にわたって、各政権はあらゆる経済政策を実施しましたが、目立った成果を上げることはできない状態が続いています。

多くの人が誤解しているのですが、経済学では消費を拡大する根本的な方策は明らかにされていません。政府が実施する経済政策も、景気に対する抜本的な対策にはなり得ず、側面支援することが限界です。経済を良くするためには、国民の経済活動と企業の生産活動を活発にするしか方法はなく、そのためには、国民のマインドを前向きにすることが欠かせないのです。第4章ではこの現実を大前提に、どうすれば消費の拡大と持続的な成長を実現できるのか探っていきたいと思います。

経済の基本はお金の循環

成長を実現する方策について議論する前に、そもそも経済がどのような仕組みで成り立っているのかが分からなければ、現状分析もできませんし、ましてや正しい処方箋を書くことなど到底、不可能です。少し回り道になりますが、まずは経済の基本的な仕組みから解説していきたいと思います。

ある国の経済状態は一般的にＧＤＰ（国内総生産）の大きさで示されます。

経済学の基本的な教科書を読むと、ＧＤＰというのは、一定期間内に国内で生み出した付加価値の総額と説明されています。日本のＧＤＰは現在、約５５０兆円ですから、企業など生産者が生み出した付加価値をすべて足し合わせると５５０兆円になるという意味です。しかしながら、企業が生み出した付加価値というのは非常に抽象的な概念ですから、この定義は正直なところあまりピンと来ないのではないかと思います。

このＧＤＰの定義は、経済活動を生産面から見たものですが、同じ数字について支出面から見ることもできますし、分配面から見ることもできます。

もっとも生活実感に近いのは支出面から見たＧＤＰで、これは、すべての国民が一定期間内に使ったお金の総額と定義されます。ＧＤＰが５５０兆円あるということは、私たちが1年間に使ったお金の総額が５５０兆円になるという意味です。一方、分配面は労働者が受け取った賃金や企業が得た利益などの総額を意味しています。

私たちは働いて賃金をもらい、そのお金を使って製品やサービスを購入することで毎日の生活を成り立たせています。企業は私たちが消費する製品やサービスを提供することで利益を上げ、そこから労働者に賃金を支払っています。そして支払われた賃金を元に、私たちは再びお金を使って製品やサービスを購入しています。

つまり、経済というのは、賃金を受け取った労働者が消費者としてお金を使い、製品やサービスの対価としてお金を受け取った企業が労働者に賃金を払い、再び労働者がお金を使うという流れで成立していることが分かります。要するに経済というのは、お金がグルグルと循環することなのです。そして、どれだけ多くのお金が循環したのかを示すのがGDPと考えてください。

賃金を受け取る部分が分配面、受け取った賃金を使う部分が支出面、そのお金を対価として製品やサービスを提供するのが生産面になります。これら3つの項目は、同じ経済活動について見る場所を変えて眺めただけですから、理屈上、3つのGDPの数字は一致するはずです。つまり企業が生み出した付加価値の総額と、私たちが使ったお金の総額、私たちが受け取ったお金の総額はすべて同じ金額になります。

これをGDPの三面等価と呼びます。先ほど、もっとも生活実感に近いのは支出面のGDPだと述べましたが、ニュースなどで報道されるGDPについても、基本的に支出面の

GDP(国内総生産)の模式図

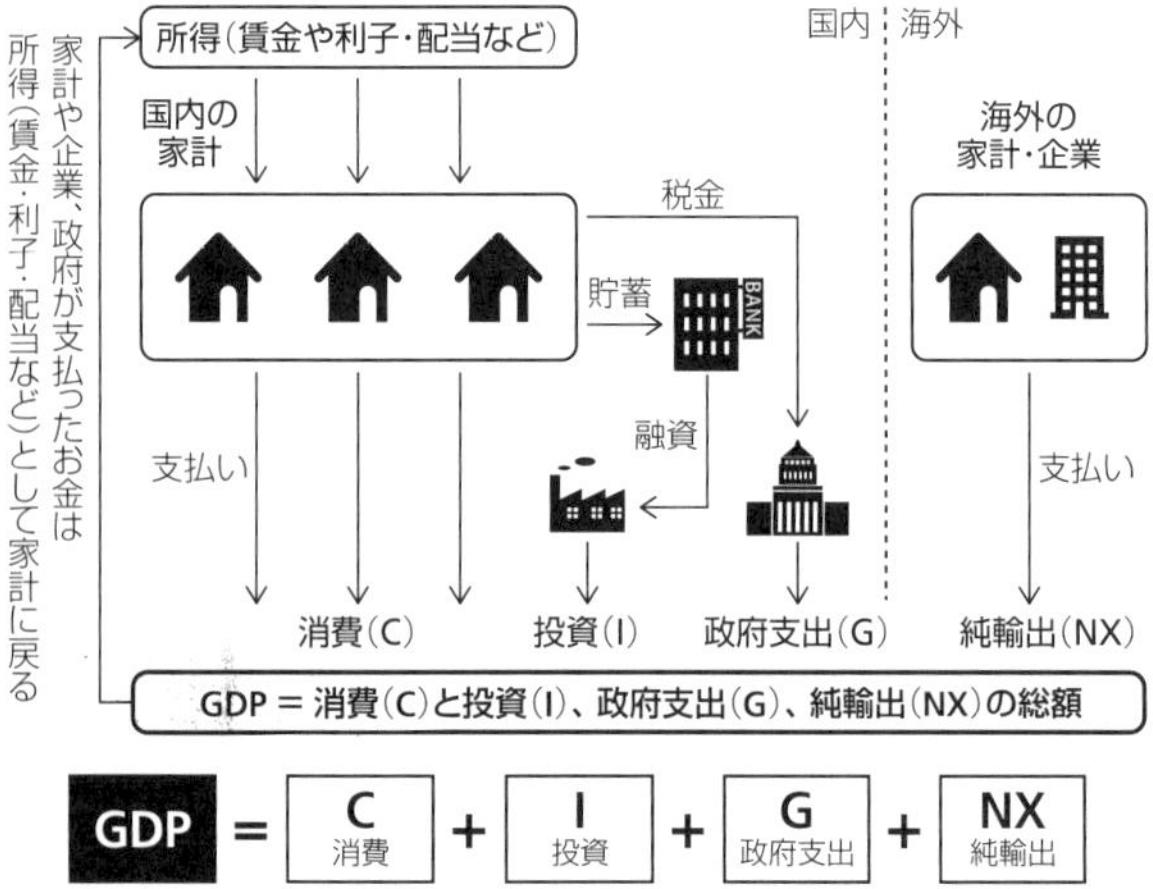

数字を用いることが慣習となっています。

図はGDPの支出面を模式的に示したものです。経済学ではGDPの支出面について、主に3つの項目に分類しています。ひとつは個人消費(C)、もうひとつは企業の設備投資(I)、そして政府による支出(G)です。もし企業が輸出をしている場合には、ここに純輸出(NX)が加わります。

多くの読者の皆さんは給与所得者として賃金をもらっていると思いますが、人は稼いだお金の一定額を消費して、残りを貯蓄に回します。「私はいつも貯金はゼロだ」という人もいると思いますが、これはあくまで全体の話です。日本人全体の平均を取ると、一定割合が消費され、残りが貯蓄されていると考えて差し支えありません。

消費として支出されたお金は、食品や衣類などの代金として支払われますから、これらは直接、企業の収益になります。輸出がある場合には、海外の消費者が代金を企業に支払います。では、貯蓄されたお金はどうなるのでしょうか。

多くの人は銀行にお金を預金しますが、銀行はそのお金をただ保管しているだけでは利益を上げることができません。銀行は利子を付けてそのお金を企業に貸し出すというビジネスを行っています。銀行から融資を受けた企業は、工場や店舗を新設するための支出にこのお金を投じます。設備に支出する企業は、他の企業から製品やサービスを購入することになりますから、消費のルートと同様、そのお金はやはり企業に行き渡ります。

政府による支出も同じです。政府は誰かから賃金をもらっているわけではありませんが、税金という形で国民からお金を集めています。そして集めた税金は、公共事業などの形で支出されていきますから、多くが企業の財布に入ります。

企業は消費者や他の企業、政府などからお金を受け取って製品やサービスを提供し、残った利益の中から、従業員には賃金を、株主には配当などを支払います。賃金などを受け取った労働者は、再び消費や貯蓄を行い、政府は税金を徴収するという流れで経済が循環していきます。

これが支出面から見た大まかな経済モデルということになりますから、ＧＤＰというのは以下の式で定義されることになります。

ＧＤＰ＝消費（Ｃ）＋投資（Ｉ）＋政府支出（Ｇ）＋純輸出（ＮＸ）

景気を良くするということは、これらの項目のいずれか、あるいはすべてを拡大させ、持続的にＧＤＰの大きさを増やしていくということです。そして特に重要なのが、ＧＤＰの支出面の5割以上を占める個人消費を拡大していくことなのですが、日本経済は、過去30年間、ほとんど成長を実現できず、特に個人消費の低迷が著しいという状況に陥っているのです。では、ここで紹介したＧＤＰの式を使って、第3章で説明してきたことをおさらいしてみましょう。

90年代以降、輸出でGDPを拡大できなくなった

繰り返しになりますが、経済というものは、消費（Ｃ）、投資（Ｉ）、政府支出（Ｇ）、

純輸出（NX）のいずれか、あるいは全部を拡大させ、最終的にGDPの数字を大きくしていくことで成長を実現します。特に重要なのは、GDPの5割以上を占め、私たちの日常生活と直接関係している消費（C）を持続的に拡大させることです。消費が増えていかないと、基本的に国民は豊かさを実感することができません。

図はGDPの支出面の各項目と景気拡大の流れを示したものです。

昭和の時代までGDP成長の原動力となってきたのは海外への輸出です。海外の消費者が日本製品をたくさん購入したことで（外需の増加）、日本企業の輸出は大幅に拡大しました。この図の上（A）で言えばNXが増えたことを意味します（①）。

企業は海外需要に対応するため、工場など生産設備を増強する必要に迫られますから、これによって国内の設備投資（I）が拡大します（②）。設備投資への支出は最終的に企業の収益となり、設備投資の増加分は賃金の拡大という形で労働者の財布に入ります。

労働者は賃金が上がると生活に余裕ができますから、消費（C）を増やしていきます（③）。消費が増えると、今度は国内の商業施設などに対する設備投資（I）が増え（④）、それがさらに所得を増やし、消費を拡大させていきます。図の中では①から④の順に効果が波及していきますが、これが輸出主導型経済における基本的な成長パターンです。

GDPにおける支出面の項目と景気拡大の流れ

A.輸出主導型経済における成長メカニズム

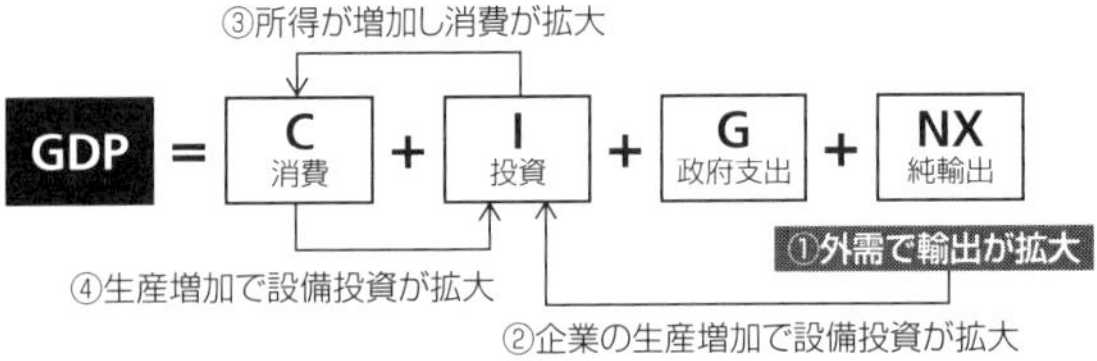

B.90年代における財政出動の狙い

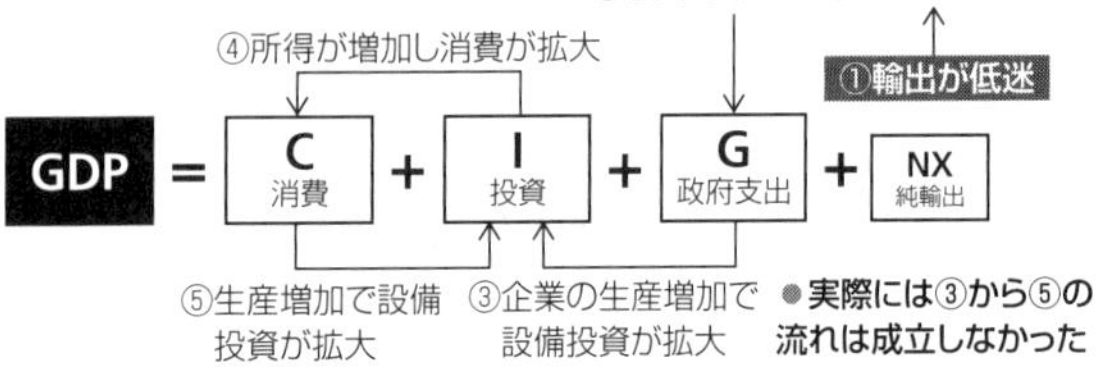

ところが90年代以降、日本メーカーの戦略ミスが相次ぎ、日本の輸出競争力は目に見えて低下していきました。この結果、GDPのモデルにおける純輸出（NX）の効果が大幅に小さくなってしまったのです。

この状態では、輸出を起点に最終的に消費を増やすという流れが成立しなくなります。景気低迷を危惧した政府は、政府支出（G）を増やすことで、GDPを拡大させようと試みました。これが90年代に相次いで行われた大型財政出動の狙いです。このメカニズムは図の下（B）に示しました。

財政出動でGDPを拡大させる流れは、先ほどの輸出の部分を政府支出に置き換えたものと考えてください。

輸出の低迷（①）をきっかけに、政府が意図的に政府支出を拡大させると（②）、その分だけ企業の収益は拡大することが期待されます。もし収益が拡大すれば、輸出が増えた時と同様、企業は製品やサービスの増産に備えるため、国内の設備投資を増やすはずです（③）。その後は、輸出の時と同様、持続的に消費が拡大していくメカニズムが期待されます（④→⑤）。

しかし政府の財政出動は必ず効果を発揮するとは限りません。政府が企業からたくさん製品やサービスを購入すると、企業は政府を優先するようになり、民間向けの製品やサービスを生産するための設備投資を縮小するケースも出てきます。

また、政府支出を拡大するためには財源が必要ですが、増税を行うと景気を冷やす可能性がありますから、通常は、国債発行、つまり借金で財源を確保せざるを得ません。

国債の発行が増えると理論上、金利が上昇しますから、企業は銀行からお金を借りにくくなります。結果として民間向けの設備投資が減ってしまうという現象が発生する可能性が高くなります。国債発行による金利上昇が民間の設備投資を抑制する働きを経済学ではクラウディングアウトと呼びます。

企業の景況感も大きく影響します。政府が財政出動を行った分については、確かに企業の収益にはプラスになりますが、消費者のマインドがあまりにも悲観的で、この先も財布の紐を緩めないと企業が判断していた場合、たとえ政府が支出を増やしても企業は設備投資の増強には踏み切りません。

90年代以降、大型の財政出動を実施したにもかかわらず、企業は設備投資を拡大せず、結果として消費も増えませんでしたが、一連の政策が失敗に終わった理由は、まさにこれです。先ほどの数にあてはめると、③→⑤の流れが成立しなかったのです。

構造改革もアベノミクスも失敗した理由

財政による景気回復に失敗した政府は、小泉政権において構造改革に乗り出しました。第3章でも説明したように、構造改革は規制緩和などを通じて企業の体質を強化し、財政出動などに頼らなくても、自律的に成長できる体制に誘導するという政策です。

P143の図の上（C）は構造改革において期待された成長の波及経路です。規制緩和や減税などを通じて企業、つまり供給サイドを強化すると（①）、企業は自発的に設備投資を拡大するはずです（②）。その後は、設備投資の拡大が消費を促し（③）、さらに設備投資の拡大につながる（④）という流れは、先ほどの輸出主導型経済や財政出動のメカニズムと同じです。

輸出主導型や財政出動とは異なり、構造改革による成長モデルは、純輸出（NX）や政府支出（G）に依存しませんから、うまくいけば効率的に経済を拡大できます。ところが、構造改革による成長は実現しませんでした。先ほどの財政出動の失敗と同様、企業は設備投資を拡大せず、コストダウンに走るようになり、労働者の賃金が大幅に下落。逆に消費が低迷する結果となってしまったのです。図の中で示せば、他のパターンと同様、②↓④の流れは成立しなかったと考えてよいでしょう。

一連の失策の後に登場したアベノミクスは経済学的にはどのようなメカニズムだったのでしょうか。アベノミクスの中核となっていた政策は、日銀による量的緩和策です。

量的緩和策は、日銀が積極的に国債を購入することで、市場にマネーを大量供給し、市場にインフレ期待（物価が上昇すると皆が考えること）を発生させるというものです。期待インフレ率が高くなると、実質金利（名目金利から期待インフレ率を引いたもの）が低下することになりますから、企業が資金を借りやすくなり、設備投資が伸びることが期待されます。アベノミクスで想定された波及効果は図の下（D）に示しましたが、インフレ期待が生じると（①）、企業が設備投資を増やし（②）、設備投資の増加が所得と消費の拡

小泉構造改革とアベノミクスの違い

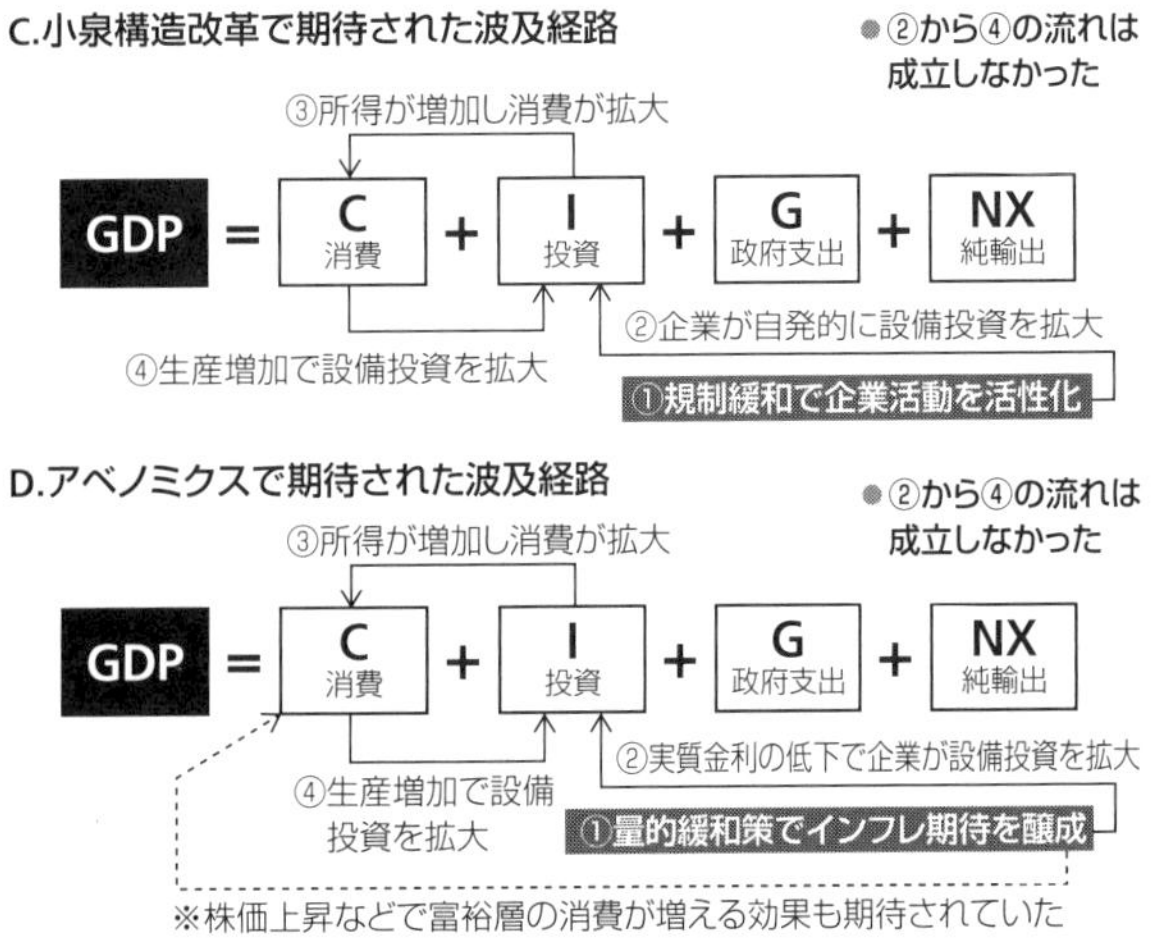

大を促す（③）という流れは先ほどとまったく同じです。

日本では不景気が長引き、デフレと低金利の状態が続いていました。名目上の金利は、これ以上引き下げることができないので、逆に物価を上げて、実質的に金利を引き下げ、これを経済の起爆剤にしようと試みたわけです。

実質金利の低下によって設備投資（I）を促し、これを消費拡大につなげるという施策ですから、設備投資が増える理由が違うだけで、波及するメカニズムは財政出動や小泉改革とまったく同じです。唯一、アベノミクスが異なるのはインフレ期待による直接的な消費拡大も期待されていたことでしょう。

市場にインフレ期待が生じると、株価や不動産価格が上がる可能性が高くなります。実際、アベノミクスによって株価と不動産価格は上昇し、一部では投資で利益を得た富裕層が消費を増やすという効果も見られました（資産効果）。全体における比率としてはそれほど高くはありませんが、直接的に消費（C）を増やす作用も想定されていたわけです（※）。

しかしながら、他の経済政策と同様、アベノミクスもうまくいきませんでした。アベノミクスの開始当初は市場にインフレ期待が生じ、為替が円安に転じたことで、株価も上昇しました。ところが、円安によって輸入物価が上がり、これによって食品など生活必需品の多くが値上がりしたことから、消費者心理が悪化してしまいました。

このため企業は先行きに対する悲観的見通しを変えず、設備投資を拡大しなかったため、労働者の賃金は上がりませんでした。賃金が上がらない中、生活必需品の価格が上がっているという状況ですから、国民の生活は苦しくなります。国民は支出を抑制し、消費低迷はさらに深刻化する事態となりました。

輸入される食材の価格が上がると、通常、食品メーカーはコストが上がった分だけ最終製品の価格を引き上げます。ところが日本の場合には、価格は据え置き、内容量を減らすという変則的な形で値上げを行うケースが数多く見られました。これは見えない値上げということでステルス値上げなどと呼ばれていますが、やり方はどうあれ立派な値上げであることに変わりありません。

日本メーカーがステルス値上げに走るのは、見かけ上の価格を上げると一気に商品の販売が落ち込み、企業の業績が悪化するからです。

生活必需品はどうしても必要なものですから、多少値段が上がったからといって消費者は購入量を減らすことはしません。ところが日本の場合、生活があまりにも苦しいため、ちょっとでも価格が上がると途端に購入量を減らしてしまうのです。

通常の値上げではなく、ステルス値上げに走っているということは、日本の消費低迷が極めて深刻であることを示唆しています。結局のところ、従来の経済政策と同様、企業の設備投資は増えず、消費拡大は実現しませんでした。副次的な効果が期待されていた、直接的な消費拡大（※）も一部に限定された状況です。

経済構造の転換とマインドのギャップ

過去に行われた経済政策を比較すると、期待されていた波及経路はほぼ同一であることが分かります。何らかの形で企業の設備投資を増やし、それを消費の拡大に結びつけるというメカニズムです。

輸出主導型経済の時代には、輸出増加をトリガーとして、一連のメカニズムが機能したのですが、90年代以降は、これがうまく機能しなくなり、財政出動や構造改革、量的緩和策などが行われましたが、どれも設備投資の拡大に結びつけられませんでした。

90年代以降、あらゆる手段を駆使しても設備投資が増えなかったのは、マクロ経済の環境が大きく変化する中、日本の産業構造が従来型のままだったからです。

第3章で解説したように、日本の製造業は90年代以降、戦略ミスによって急速に国際競争力を低下させました。製造業の競争力が低下した国が選択できる道は2つしかありません。ひとつはドイツのように、競争力を失った従来型の技術や製品をすべて捨て去り、極めて付加価値の高い製造業に特化するというものです。もうひとつは米国や英国のように、製造業での競争は諦め、国内消費を拡大することで経済を成長させるという道です。

ドイツも日本と同様、強烈な新興国の追い上げを受けましたが、ほとんど影響を受けることなく、今でも製造業大国の地位を保っています。かつてドイツの光学機器メーカーは圧倒的なブランド力を持っており、日本でもドイツ製のカメラといえば、誰もがうらやましがるという時代がありました。

しかし全世界的に光学機器のコモディティ化が進むと、ドイツは当該分野をあっさりと諦め、医療機器などより付加価値の高い産業にシフトしました。旧式のカメラにこだわり続けた日本メーカーとは大きな違いといってよいでしょう。同様に音響機器や造船についても、極めて付加価値が高い製品以外は軒並み撤退を決断しています。

ドイツでは企業が利益を上げないことや、競争力を失った企業が経営を続けていることは社会的に「悪」と見なされており、業績が悪い企業の経営者は容赦なく追放されますし、競争力を失った企業は倒産するのが当たり前という感覚です。

企業が倒産すると従業員は仕事を失いますが、ドイツは雇用保険などの制度が手厚く、労働者は失業中に職業訓練を受けることもできます。このため、人材が新しい産業にシフトしやすい構造になっています。

ドイツは語学でも強みがあります。付加価値の高い製造業で国際競争力を維持するためには、顧客の問題を解決するという高度な営業が不可欠となり、高い英語力が必須となります。ドイツは英語圏以外の地域としては突出して英語力が高く、「英語ができません」という言い訳はほとんど通用しません。

良い悪いは別にして、ドイツはもの作りで勝ち続けることに徹底的にこだわっており、苛烈とも言える手法で、その競争力を維持しているといってよいでしょう。

日本はドイツのような戦略は採用しませんでしたから、必然的に英国や米国と同じような消費主導型経済を目指すはずでした。実際、日本政府も80年代の後半に、「前川レポート」を公表し、輸出主導型経済から内需を中心とした消費主導型経済への転換を図る方針を明確に示しています。

つまり、日本経済は輸出競争力の低下を通じて、実質的に消費主導型経済へのシフトが進んでいたのですが、社会全体がその流れにうまく対応できず、その結果、消費が増えず、企業の設備投資も拡大しないという状況に陥っているのです。

輸出主導型経済と消費主導型経済を比較すると、経済が成長するメカニズムは大きく異なります。図の上は消費主導型経済におけるGDP拡大のメカニズムを示しています。参考までに先ほど解説した輸出主導型経済における成長メカニズムを下に掲載しました。

ここでは賃金上昇が消費の原動力になると仮定しますが、その場合には、賃金上昇で消費が増え（①）、企業は生産力を高めるために設備投資を拡大（②）、この支出が国内の所得を増やす結果となり、さらに消費を拡大させる（③）という流れになります。

消費主導型経済における成長のメカニズム

消費主導型経済における成長メカニズム

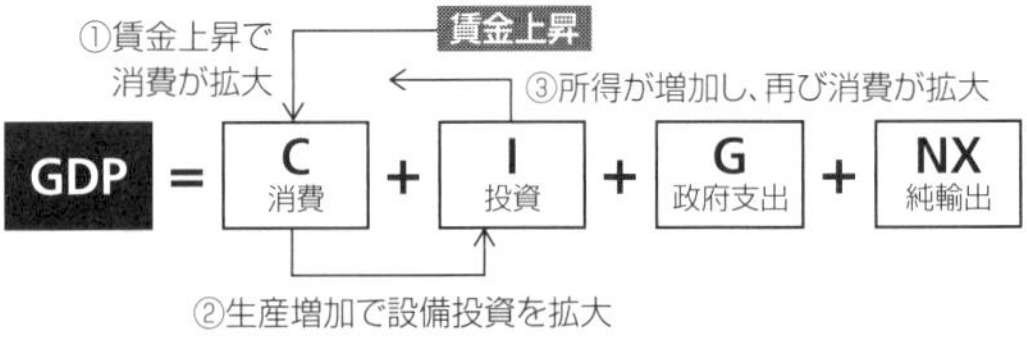

輸出主導型経済における成長メカニズム（再掲）

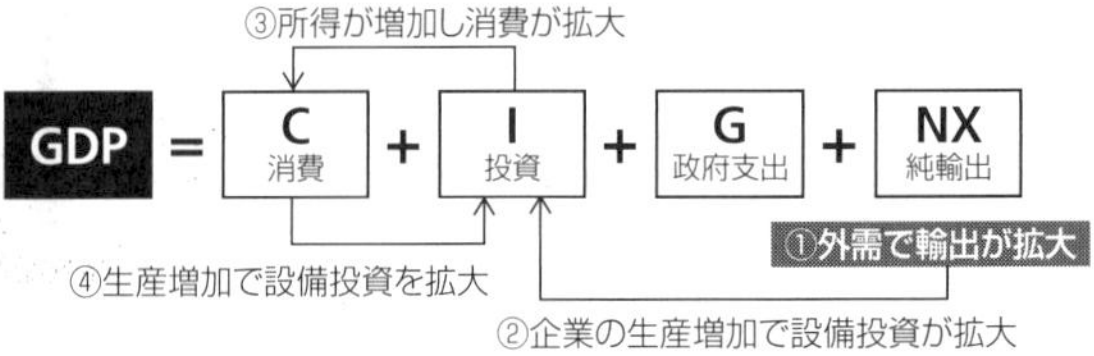

重要なのは、景気拡大のトリガーとなっているのが、企業の設備投資ではないという部分です。輸出主導型経済では、外需を起点にした企業の設備投資が景気拡大のきっかけでしたが、消費主導型経済では、消費の拡大そのものが、成長のトリガーとなります。

さらに重要なことは、何によって消費が拡大するのかは状況によって違ってくることです。ここでは賃金上昇が消費を拡大すると仮定しましたが、単純に賃上げを実現すれば消費が増えるというわけではありません。企業の業績が拡大しない中で、賃金だけを無理に引き上げれば、企業の業績が悪化したり、賃金上昇分だけ企業が製品価格に転嫁するため、物価が上昇し、賃上げ分を相殺してしまう可能性があります。

企業の業績拡大とセットになった賃上げであれば問題ありませんが、今度はどのようにして企業の業績を拡大するのかという問題に突き当たります。

消費主導型経済において企業の業績を拡大するためには、消費を増やす必要がありますから、結局のところ消費を増やすためには、消費を増やす必要があるという、ニワトリとタマゴのような議論となってしまうのです。

多くの人が驚くと思いますが、既存の経済学では、消費を拡大する明確な方策というものは示されていません。どのような状況になると消費を拡大しやすいのか、あるいは消費を抑制するのかというところまでは分かっていますが、根本的に消費を増やす方法というのは解明されていないのです。

従来の経済政策が、財政出動や金融政策など、企業の設備投資を刺激する手法だったのは、政府が人為的にコントロールしやすい項目だったからです。政府支出や金利は、ある程度までなら政府が水準を決めることができますが、国民の消費活動はそうはいきません。消費主導型経済における最大の難しさはこの部分にあります。

しかしながら、日本は望むと望まざるとにかかわらず、消費主導型経済にシフトしており、自律的に消費を拡大する方策を探り出さなければ、持続的な成長を実現することはできません。

消費低迷を映すイノベーションの進展度合い

では、個人消費というのは、どうすれば拡大するのでしょうか。

ケインズ経済学では、人間は稼いだお金の一定額を消費に回し、残りは貯蓄すると説明されています。古典派経済学では、人間は完璧に合理的であることが前提になっていますから、消費と貯蓄の比率は基本的に利子率に依存すると考えます。

人によって個人差はありますが、全体を平均すると、同水準の所得がある人の消費水準はほぼ一定の範囲に収まりますから、大まかな理解としては、ケインズが言うように所得の一定割合を消費すると考えて差し支えないでしょう。

しかしながら、所得の一定割合を消費するという概念はあくまで全体を単純化したものであって、その比率が硬直的であるとはケインズは考えていません。消費が変化する要因についてケインズは、「支出の動機は相互に絡み合っており、それらを敢えて分類しようとすれば、誤った分類をしてしまう恐れがある」（『雇用、利子および貨幣の一般理論』）として慎重なスタンスを崩しませんでした。その上でケインズは消費を決定付ける要因を、客観的要因と主観的要因の2種類に分類しています。

客観的要因としては、企業の人件費の比率（厳密には賃金単位）、企業の原価償却の水準、株や不動産など資産価格の推移、期待インフレ率（将来、どのくらい物価が上がると消費者が予想しているか）、税制の変化、などが該当します。これは比較的定量化しやすい項目ですが、問題は次の主観的要因です。

主観的要因としてケインズは、リスクに対する消費者の感覚、将来予想される所得の変化、貯蓄に対する価値観、将来に対する主体的な意思の有無、ケチあるいは浪費癖といった個人の性格など、多くの項目を列挙しています。

ケインズは、各項目が社会構造によって決定されることや、関係性が複雑であることなどから、短期的にはこれらの項目には大きな変化がないものと仮定しました。そして、「社会変化の帰結、あるいは幾世紀も続く進歩の緩慢な影響には立ち入らないことにする」（同書）として、短期的な分析に特化する方針を明確にしたのです。

ケインズ経済学の最大の特徴は、経済を端的にモデル化し、具体的な処方箋の書き方を提示したことであり、この方法論は経済政策の分野に極めて大きな足跡を残しました。ケインズが提示した手法はあくまで短期的・実務的なものでしたが、人間のマインドに基づく長期的変化を無視してよいと考えていたわけではありません。

実際、個人の消費行動は、短期的にはほとんど変わりませんが、ケインズが指摘するように、長期的には大きく変化する可能性があります。特に影響が大きいと考えられているのが、将来、予想される所得水準です。

人は今月いくら稼いだのかという金額だけを基準に消費水準を決めているわけではありません。将来、自分の年収はどのくらいになるのかという大まかなイメージを描き、その金額を考慮した形で無意識的に消費行動を決めています。

具体的には、今後、かなりの確率で昇給が期待できる人は、より積極的に消費を行うでしょうし、来年以降、賃金が下がりそうだと考えている人は、消費を手控えることでしょう。このように人々の消費は、将来の期待あるいは将来に対する不安によって大きく変動することになります。つまり将来に対してどのような感覚を持っているのかというのは、消費を決める有力なファクターとなるわけです。

加えて言うと、将来の期待というのは人々の実生活の中で構築されていきます。

病気や老後など先のことが心配なのは、どの国の人でも同じことですが、それ以上に重要なのが社会全体の雰囲気です。抑圧的かつ陰湿な社会に住む人は、どうしても将来に対して悲観的にならざるを得ません。ケインズの言葉を借りれば、「経済社会の制度や組織」、「現在の希望と過去の経験」「富の分配状況」(同書)によって消費マインドは変わってくるのです。つまり、同じ所得水準であったとしても、社会の仕組みや雰囲気によって消費水準は大きく変化すると考えてよいでしょう。

毎日の生活が充実していて、明るい雰囲気に満ちている社会と、陰湿でバッシングが多い社会とでは消費水準が異なり、最終的には長期的な経済成長にも影響する可能性が高くなります。これが本書の主題でもある、マインドが経済に与える影響です。

このほかにも、消費水準を大きく左右する要因があります。それはイノベーションの進展度合いです。

ケインズが想定したのはあくまで緩慢な技術の進歩ですが、イノベーションが急激に進展した時には、供給側(つまり企業)の状況が一気に変わり、それに伴って需要側(つまり消費者)のマインドも大きく変わることが十分にあり得ます。もっと具体的に言えば、イノベーションの進展によって、企業がより魅力的な製品やサービスを提供できるようになり、消費者のマインドが変わるという流れです。多くの人にとって分かりやすいのは米アップルのiPhoneでしょう。

iPhoneはもっとも高いモデルでは1台10万円以上の値段となります。一方、アンドロイドを搭載したスマホは、安いものでは2万円程度から手に入りますし、一時期は1万円前後の製品も存在していました。iPhoneとアンドロイド搭載のスマホが持つ機能はほとんど同じですから、iPhoneの購入者は10倍もの値段を出して、同じ機能を持った商品を買っていたことになります。

しかしながら、iPhoneにはiPhoneにしかない独特の魅力があり、利用者にとっては他の商品では代替することができないのです。この事実は、消費者というのはどうしても欲しい商品があれば、どんなに高い値段でも購入を決断するということを示唆しています。アップルは残念ながら外国の企業ですが、魅力的な製品やサービスを提供する企業が国内にたくさん存在していれば、その国の消費は拡大しやすくなります。

では企業が魅力的な製品やサービスを提供するためには何が必要でしょうか。それは言うまでもなくイノベーションです。画期的な技術や工夫、アイデアがあってこそ魅力的な製品やサービスが生まれます。

一般的に長期的な経済成長は供給サイドで決まるとされていますが、成長理論の分野では主な要因として3つが提唱されています。ひとつは人口、もうひとつは資本、そして最後はイノベーションです。

人口と資本はすぐには変化しませんから、イノベーションがどれだけ活発なのかが成長のカギを握っているのです。当たり前のことですが、社会の雰囲気が暗く、新しい技術やビジネスに否定的な国ではイノベーションは活発になりません。イノベーションの水準を直接可視化することはできませんが、マクロ経済学の理論上、イノベーションの水準は労働生産性の違いとなって顕在化します。

図は各国の労働生産性の推移を示したグラフです。

日本は残念ながら、生産性の絶対値において主要先進国で最下位という状況が続いており、統計データとして遡れる１９７０年代以降において、日本の順位が上がったことは一度もありません。しかしながら、１９９０年代までは絶対値が低いとはいえ、何とか欧米各国に追随することはできていました。ところが90年代後半以降、日本の生産性の伸びが従来と同じ水準にとどまる一方（つまりグラフの傾きが変化していない）、諸外国のグラフは傾きが急になっており、生産性の伸びが顕著だったことが分かります。

つまり、90年代以降、諸外国はＩＴ分野を中心にイノベーションが活発になり、従来と

各国のイノベーション（労働生産性）の推移

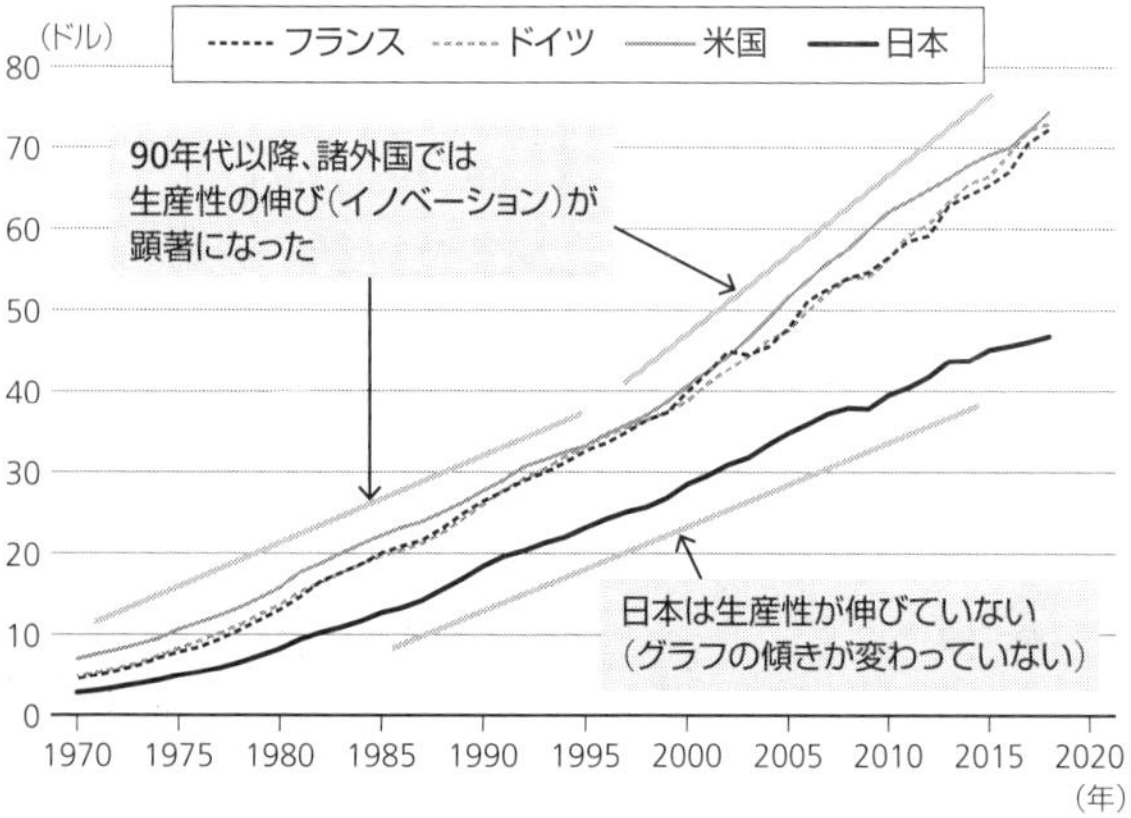

出所：OECDから筆者作成

比較して生産性を大きく向上させたことが分かります。ところが日本ではイノベーションが活発にならず、結果として生産性が伸び悩み、相対的な低成長が続いている状況です。

ＩＴというのはグローバルな産業であり、どの国の国民であっても、同じパソコンを使い、同じソフトを使っています。それにもかかわらず日本だけがＩＴを活用したイノベーションが活発にならないのは、何らかの特殊事情が存在すると考えた方が自然でしょう。そして、その特殊事情こそが、本書のテーマでもある日本人のマインドであると筆者は考えています。

抑圧的な社会で消費が活性化するわけがない

ＩＴの驚異的なところは、技術開発など高度な計算を用いるような分野だけでなく、企業における日常業務の効率化など、社会のあらゆる分野を網羅していることです。チリも積もればとよく言いますが、小さな効率化であっても、これが社会全体で行われると凄まじい効果を発揮します。ＩＴにはこうした巨大な潜在力があることから、うまく活用すれば、経済全体の富を一気に拡大させることが可能となります。

つまり消費主導型経済においては、社会全体としてＩＴをフル活用することが成長の必須要件であり、諸外国はこれを実現できたことから、消費主導型経済においても高い成長を維持しているのです。

ＩＴを使った業務の効率化といってもピンと来ない人が多いかもしれませんが、数字を使って分析すると、より鮮明になってくると思います。

日本の労働生産性は米国やドイツの3分の2程度しかないのですが、この数字をもっと分かりやすい形に分解すると、以下のようになります。

日本企業では、1万ドルを稼ぐために、平均すると29人の社員を動員し、7時間超の労働を行っています。ところが米国企業は、労働時間こそ日本と同じ7時間ですが、社員数はわずか19人しかいません。ドイツは25人と社員数は米国より少し多いですが、労働時間は1時間以上も少なく6時間弱で済んでいます。つまり日本企業は、大人数で長時間労働しないと同じ金額を稼げていません。

ドイツでは週休3日という企業も結構ありますし、残業など考えられないという雰囲気です。米国も職場によっては「とにかく稼げ！」というところもありますが、多くは定時退社が常識です。日本だけが皆、ツライ思いをして深夜まで残業しているわけですが、そうなっている理由のひとつが、ＩＴ化の遅れです。

第1章では、ハンコにお辞儀させるという馬鹿げた習慣をＩＴシステムに実装しているケースを紹介しました。これは単に業務のムダを継続しているという問題にとどまらず、立場が下の相手に対して抑圧的に振る舞い、上下関係でコミュニケーションを保つという日本社会の特徴を反映していると考えるべきです。そしてこうした組織のカルチャーというのは、確実に国民のマインドを暗くし、各種の経済活動に影響を与えることになります。

金融業界においてお辞儀ハンコの文化が根強く残っていたあるメガバンクでは、大規模なシステム障害を何度も発生させるという大失態を演じており、業績もライバル行と比較すると低く推移してきました。たかがハンコの押し方についていちいち批判すべきではないとの声も聞かれますが、ムダなことに血道を上げる企業文化というのは、ＩＴ化がうまく進められない、業績が向上しないといった形で社会に実害をもたらします。

このような社風の企業において、斬新なアイデアが社員から提案されたり、失敗してもよいからやってみよう、といった流れになる可能性は極めて低いでしょう。

結果として、消費者がどうしても欲しいと思えるような製品やサービスは誕生せず、国内消費は停滞したままとなります。業務の効率化も進みませんから、残業時間は減らず、賃金も低い状態が続き、私生活は豊かになりません。

筆者はこうした風潮の積み重ねが日本の消費を蝕んでおり、その影響は決して無視できないと考えています。景気の気は「気分の気」と言われることがありますが、これは単なるジョークではありません。私たちは真剣にこの問題に取り組む必要があります。

第5章

明治から議論になってきた日本人の思考回路

第2章で取り上げた「日本社会は表面的には近代化を実現したものの、内面的には不十分ではないのか」という問題意識は、筆者が新しく提唱したものではありません。日本の近代化をめぐる是非は、明治維新以降、一貫して日本の文壇や論壇で取り上げられてきたテーマなのです。

第5章では、日本の近代化の是非に関する歴史的な議論を振り返り、今、顕在化している問題との対比を試みたいと思います（本章では故人について敬称を省略しました）。ある程度、読書習慣があり、一定量以上の書物を読んでいる方でしたら、ここで取り上げる話題は既知のものかもしれませんから、読み飛ばしても構いません。一方、それほど多くの書物を読んでいない方は「意外だ」という印象を持つのではないかと思います。

『「空気」の研究』で示された合理性なき社会

第2章では、国家や企業の重要な意思決定が、その場の雰囲気や流れで決まってしまう現実について解説しましたが、これをもっとも端的に示した言葉は「空気」でしょう。

日本では「空気を読め」といった言葉が多用されていますが、空気というのはまさに、その場の雰囲気や流れのことを指します。多くの日本人が空気を忖度しながら行動し、社会全体が「空気」に縛られているわけですが、この状況を見事に描き出したのが山本七平のベストセラー『「空気」の研究』です。この本が出版されたのは1977年ですが、同書で指摘されている内容は、今の日本とまったく同じです。

『「空気」の研究』において山本は、太平洋戦争末期、旧日本海軍の戦艦「大和」が沖縄への出撃を命じられた際、沖縄出撃を無謀だと反対する人たちのほとんどが、データに基づいた主張を行う一方で、沖縄出撃について当然だと主張する人たちは、「当然だ」という強い口調があるだけで明確な理由を提示しなかったという話を取り上げます。そして山本は大和の出撃という重要な決断が、その場の「空気」によって行われたと指摘しました。ちなみに大和の沖縄出撃は、戦略的にはほとんど意味がなく、途中で米軍機に攻撃される可能性が高いという状況下で決断されたものです。

山本は科学的な議論がまったく通用せず、すべてが「空気」によって決断されるというメカニズムは日本社会の至るところで観察されるとしています。そして「空気」が持つ力は絶大であり、空気によって馬鹿げた行為が決断されたとしても、後になって責任者が「なぜそれを行ったのか、一言も説明できないような状態に落とし込んでしまう」（『「空気」

の研究』）と述べています。

さらに山本は、「空気」に対して「水」という概念をうまく対比させました。水というのは、空気という雰囲気に対してリアルな現実のことを示しており、醸成された「空気」は、「水を差す」行為によって消滅します。日本では、全員が取り付かれたかのようにひとつの主張に賛同していたかと思うと、何らかの出来事や発言をきっかけに、一気にその流れが変わるということがよく起こります。これが「水」のもたらすパワーということになるでしょう。

山本は、空気が水によって消滅するものの、水によって新しく出てきた意見が、今度は絶対視され、あらたな空気を醸成するとしています。「空気」と「水」という身近で対比しやすい物質をうまく組み合わせ、日本社会の仕組みを明瞭に描き出したことから、この作品は極めて高い評価を受けました。

空気と水の関係性はともかく、合理性というものが働かず、その場の雰囲気で決断が行われるという状況は今でもまったく変わっていません。いつの時代においても、空気を形成する側にいる人の声は大きく、かつ威圧的であり、しまいには無関係な人たちまでも、こうした空気に忖度するようになります。やがては、何も言われていないのに自ら行動を

に及んだのか、しっかりとした検証は行われませんでした。

遠藤は小説という形でこの事件の本質に迫ったわけですが、遠藤が着目したのは「世間の目」という作用でした。遠藤は小説の登場人物を通じて「子どもの時からぼくにとっては、(良心の呵責とは) 他人の眼、社会の罰に対する恐怖だけだった」(『海と毒薬』) と言わしめています。

つまり、社会から糾弾されるかどうかだけが善悪の判断基準であり、その心配がない状況であれば、どのような行動も取れてしまうというメカニズムです。この事件に関与した医師たちは異常者なのではなく、根源的な善悪が存在しない日本社会においては、条件さえ整えば誰でもこうした行為に及ぶ可能性があるということでもあります。

日本は諸外国と比べて、凶悪犯罪が少ないという特徴があります。凶悪犯罪が少ないこと自体は悪いことではありませんが、単に世間の目を気にした結果として犯罪が抑制されているのだとすると、単純に喜ぶことはできません。相互監視がなくなってしまうと、一気にモラルが崩壊し、犯罪が横行する可能性が否定できないからです。

日本では、配達員が商品を玄関前に置いて配達を完了する、いわゆる「置き配」が長く実施されませんでした。商品が盗まれるリスクを指摘する声があまりにも多かったというのがその理由です。

しかしながら、玄関先に置いた荷物が次々と盗まれるというのは少々考えづらいことです。日本は世界でもっとも治安が良い国のひとつであり、日本よりもはるかに犯罪の多い米国ですら、玄関先から荷物を盗む人はごくわずかです。圧倒的に犯罪が少ない日本では、荷物がなくなることはそうそうないと考えるのが自然ではないでしょうか。ところが日本では「玄関先に荷物など置けば、盗まれるに決まっている」「犯罪を助長するのか」といった声があまりにも大きく、なかなか置き配が実現しませんでした。

もしかすると、世間の目というものがなかった場合、日本人は容易に犯罪に走るという特徴について、多くの人が無自覚的に理解しており、それが反対の声を大きくしていたのかもしれません。

第1章では、日本人は他人を信用できず、企業はよく知らない相手とは取引しないため、社会全体のコストが上がっているという話をしました。この話は、相互監視が成立している状況でなければ、相手は自分を陥れるかもしれないという話と表裏一体ですから、「空気」や「雰囲気」の問題と深くつながっています。そして、「雰囲気」や「空気」が支配する社会の根底にあるのは前近代的な価値観であり、実はこの問題は明治時代からずっと続いているのです。

漱石も直面した近代的自我と前近代システムのギャップ

近代日本の文学作品を理解するにあたって「近代的自我」という言葉を避けて通ることはできません。これは明治期の小説はもちろんのこと、現代に至るまでの多くの作品を貫く基本的なテーマといってよいものです。

日本は江戸時代までは典型的な封建体制でしたから、社会は基本的に第2章で解説したような前近代的な共同体（ゲマインシャフト）でした。共同体社会では、自発的な意思は必要なく、地位や職業も一方的に与えられますから、自己というものを確立する必要はありません。必然的に自身の立ち位置は決まってしまいます。

こうした社会を大きく変えるきっかけとなったのが明治維新です。

明治政府は士農工商という従来の身分制度を廃止し、国民全員を平等の立場としました。従来の封建的身分制から解放された日本人は、欧米人と同様、自らの意思と能力で自身の生活を確立できるようになったのです。明治期の日本には欧米流の新しい価値観が次々に入ってきましたから、多くの知識人が欧米思想を貪欲に学び、これからやってくるであろう新しい社会に思いを馳せたわけです。

しかしながら、現実はそう簡単ではありませんでした。明治政府は徳川幕府を倒し、半ばクーデターのような形で政権を確立しましたから、すべてが急場しのぎです。とにかく欧米化を進めないと国際社会で劣位に置かれてしまうという危機感から、中身はともかく表面的な制度の導入を最優先せざるを得ませんでした。その結果、制度的には近代国家が出来上がったものの、社会のすみずみでは、いまだに封建時代の風習が色濃く残るといういびつな社会が出来上がってしまったのです。

欧米流の近代思想を学び、希望に溢れていた知識人たちは、現実社会とのギャップに悩まされることになりました。彼等は新しく身につけた近代的自我と日本社会に残る旧体制との間で板挟みになってしまったのです。日本文学の多くは、このギャップをテーマとして発達してきましたから、近代的自我という言葉を避けて通ることはできません。

近代的自我を背負った文学者といえば、やはり夏目漱石でしょう。夏目漱石の作品は多くの人がその題名を知っていると思いますし、実際に読んだこともあると思いますが、彼が残した作品の多くに、近代思想と旧体制とのギャップが描かれています。

漱石の作品には、ある程度の経済力があり、仕事をしなくても生活できる人がしばしば登場します。当時はこうした人たちのことを高等遊民と呼びましたが、漱石があえて高等遊民を登場させているのは、仕事をしなくてもよい分、自分は何者なのか、深く考えなければならない立場であり、近代的自我を描くのに最適と考えたからでしょう。代表作のひとつである『草枕』にも、画家という高等遊民に近い職業の主人公が登場しますが、冒頭に出てくる一節は非常に有名です。

　智に働けば角が立つ。情に棹させば流される。意地を通せば窮屈だ。とかくに人の世は住みにくい。

（『草枕』）

理論で物事を進めようとすると必ずトラブルになり、情緒で物事を決めれば、周囲の雰囲気に流され、迷走する結果となります。しかも自身の意見をはっきり言うと周囲から批判され、居づらくなってしまいます。この一節は、従来型の共同体社会と近代社会の相克を見事に表しており、今の日本でも完璧に通用する話ではないでしょうか。

『それから』は、不倫という分かりやすいテーマを扱っていることもあり、当時としては驚異的なヒットとなりました。

あくまで恋愛が主題の作品ですが、人を愛する心と、他人の妻と結ばれるという近代的な意味での罪悪感に加え、封建的な結婚を拒否したことへの社会的制裁という前近代的な罪悪感の要素も入りますから、近代的自我と旧社会のジレンマという図式が見事に浮かび上がります。

近年、日本では著名人の不倫が猛烈にバッシングを受けるケースが増えており、事実上、タレント生命を失ってしまった人もいます。

不倫は良いことではありませんが、近代社会では最終的には個人の自由意思が尊重されますから、第三者が不倫した当事者を犯罪者として処罰することはできません（民主国家の法体系では、損害賠償請求の対象になるだけです）。しかし前近代的な共同体社会では、不倫することは秩序を乱す行為であり、処罰の対象となります。主人公は最終的に恋愛を成就させるのですが、あまりハッピーエンドに描かれていないのは、こうした社会的な制裁が主人公に重くのしかかっているからです。

ひるがえって今の不倫バッシングですが、多分に共同体社会における制裁という側面があることは否定できないでしょう。漱石が描いた世界は今の日本でも継続していることがよく分かります。

このほかにも、将来を嘱望されドイツに留学したものの、貧しい踊り子と恋に落ちてしまい、帰国後の生活や実家との狭間で苦悩する森鷗外の『舞姫』や、被差別部落出身であることを隠して生きる苦悩を描いた島崎藤村の『破戒』、あるいは、意気揚々と欧州に乗り込んだものの、西欧文明の圧倒的な力に衝撃を受け、板挟みになってしまう姿を描いた横光利一の『旅愁』など、前近代と近代の相克を描いた作品がたくさんあります。

吉原近くに住む無邪気な子どもたちを、何気なく描いたように見える樋口一葉の『たけくらべ』も、実は同じように解釈することが可能です。

劇作家の平田オリザ氏は、学校というのは明治政府が人為的に作った、暫定的な「近代」の場所だと指摘しています。『たけくらべ』は、近代という枠組みの中で、無邪気に遊んでいた子どもたちが、やがて女郎屋や寺といった封建社会の中に吸収されていくという物語です。

学生時代までは生き生きとしていた人が、社会人になり覇気をなくしてしまい、やがて死んだ魚の目になってしまうというのは、現代の企業社会を揶揄する話としてよく取り上げられますが、企業社会の多くが前近代システムだと考えれば、これも同じ文脈で理解できるかもしれません。

渋沢栄一はなぜ儒教の倫理を説いたのか

当然ですが、前近代的な社会制度と近代的な価値観の相克は、ビジネスの世界においても様々な問題を引き起こしました。明治期の日本において数多くの会社の設立に関わり、日本の「資本主義の父」と言われた渋沢栄一も、この問題では相当苦労したようです。

渋沢が英国を訪問した際、英国のビジネスマンから、「日本人は他に対しての約束が甚だ堅くない所謂信用が堅固でない」(『銀行通信録』)と厳しい指摘を受けてしまいます。

日本のビジネスマンは、約束を守らず、都合が悪くなると商品を引き取らなかったり、税金を誤魔化すため領収書を複数作るよう求めるといった行為が多く、長期的な信用を構築できないという内容です。

渋沢は、このクレームに対して、果たして日本人だけの問題なのかと疑問に思ったようですが、相手に対して「遠慮なく言うて呉れと此方から誘出した」(同書)手前、その場では反論できなかったようです。近くにいた別の英国人が、英国人にも米国人にも同じようなことをする人がいると仲裁に入ったこともあり、それ以上のやり取りは生じませんでした。しかし、こうしたクレームが来たことをわざわざ書物に記しているわけですから、渋沢にとっては重要な問題提起だったと思われます。

実際、その後に出版された講話集である『論語と算盤《そろばん》』では、欧米のビジネスマンは、仮に損することがあっても、一度、交わした契約は破らないと述べています。欧米各国では、正直や正義といった概念がそのまま商習慣に持ち込まれているとの解釈です。

一方、日本のビジネスマンは、「未だ旧来の慣習を全く脱することが出来ず、動《やや》ともすれば道徳的観念を無視して、一時の利に走らんとする傾向があって困る」（『論語と算盤』）と苦言を呈しています。つまり、日本のビジネス界は前近代的な慣習から脱却できておらず、道徳的観念がないという主張です。こうした行為は外国からの信用を毀損し、最終的には日本のビジネス界にとって大きな損失であると渋沢は憂慮しています。

渋沢は前近代社会においては道徳というものがなく、近代社会においては道徳が優先されるべきと考えていたわけですが、例にあげているのは同じ日本人です。

前近代社会に道徳がなかったというのは、日本人に道徳という概念がなかったということではなく、制度の違いが道徳の概念を異なるものにしていたという本書の主張と同じ文脈で捉えればよいでしょう。

江戸時代は、支配階級である士族は基本的に何も生産せず、農業従事者や商工業者が生み出す富から税金（年貢）を徴収することで生計を維持していました。工業化も行われておらず、生産性が著しく低かったことから、社会が生み出せる富には限界がありました。このため、立場が弱い商工業者は、とにかく利益を上げなければ生活を成り立たせることができません。道徳などという悠長なことを言っている余裕はなく、相手を陥れてでも利益を出すというのが当たり前の感覚でした。

当時、士族階級では儒教という教養が必須でしたから、儒教をベースにした道徳や礼儀の概念はみっちり教育されましたが、儒教は士族だけのものという感覚が強く、商工業者に道徳は不要という身分社会的な認識が根強く残っていたのです。

渋沢は、日本は明治維新によって近代化したのだから、ビジネスの世界にも道徳が必要であると繰り返し述べています。そして日本人に分かりやすい形で道徳を示すため、士族だけのものだった儒教（論語）を広く学ぶべきだと主張したわけです。

『論語と算盤』という題名にはちょっとした皮肉が込められています。

論語（つまり儒教）というのは士族の教養であり、お金は汚らわしいもので、身分の高い人はそのようなことに関わってはいけないという意味が含まれます。一方、算盤は商売人にとって必須のツールであり、江戸時代までは道徳などお構いなしという世界を象徴する道具でした。渋沢は、ビジネスの世界にも近代化と道徳が必要と考え、あえて論語と算盤という従来社会では相反する言葉を並べ、２つを融合する形でビジネス界を近代化しようと試みたわけです。

渋沢が指摘した日本の商習慣は果たして明治や大正時代だけにとどまるのかというとそうではないでしょう。日本では旧態依然とした商習慣を残す業界が多く、これが経済全体の効率を引き下げています。

日本では下請けの取引先に対して、代金の支払いを半年や10カ月先という長期に設定している企業が多数、見受けられます。資本主義が十分に発達していない時代であれば、キャッシュは貴重ですから、取引先に対して、できるだけ資金を払わないという商習慣にもある程度の合理性がありました。

しかし現代は金融システムが十分に発達しており、むやみに代金の支払いサイトを引き延ばす合理性はほぼゼロです。取引に関わるすべての企業が、当月末、あるいは翌月末払いにすれば、各社は資金繰りに余分な手間をかける必要がなくなり、その分、本業に邁進できますし、銀行に対して余分な利子や手数料を支払う必要もなくなります。

資金の支払いサイトの長期化で下請けを圧迫する行為というのは、上下関係を誇示するマウンティングであったり、単に相手の足を引っ張る行為に過ぎませんが、こうした商習慣がいつまでもなくならないのは、やはり日本社会の前近代性と関係があると考えざるを得ません。

諸外国とのやり取りという点では、日本企業だけに存在する前近代的な「ご挨拶」という商習慣が、日本企業の評価を著しく下げています。

現代の資本主義社会においては、時間というのは極めて貴重な資源であり、相手の時間を一方的に奪う行為というのは、場合によっては犯罪のように見なされることさえあります。生産性が著しく低かった前近代社会においては、とりあえず会って話をするという行為もあまり咎められることはありませんでしたが、現代的なビジネスの世界においては、双方にメリットがなければ、時間を取って面会することは基本的に許容されません。これは欧米やアジアといった地域を問わず、普遍的な価値観となっています。

ところが、日本企業だけがこの常識を持っていません。

諸外国の企業に対して「ご挨拶」という形で、一方的に面会を要求し、情報収集だけを行って商談せずに引き上げるという行為が各国で問題視されているのです。

これは1990年代に米国でよく話題になっていたことなのですが、近年になってSNSが発達したことで、日本企業が世界各地で同じような振る舞いをしていることが明らかとなっています。

大した用件もないのにむやみに訪問するのは、近代社会では基本的に御法度ですが、近代社会においては、他人の領域に土足で踏み込むことはそれほど罪悪視されていません。おそらく日本企業側に悪気はないのだと思いますが、それはあくまで前近代社会における常識であって、近代社会では確実に嫌悪されます。しかも、こうした行為は、日本企業にとっても効果がありません。メリットを提示せず、一方的に時間を奪っている相手に対して重要な情報を開示するはずがないからです。結局は、こうした行為を行っている日本企業の生産性も著しく下がっており、賃金にも悪影響を及ぼしているのです。

『学問のすすめ』は現代日本への批判

日本人の誰もが知る福沢諭吉は、いわゆる偉人の一人ということになりますから、とにかく立派な人というイメージが先行していると思います。『学問のすすめ』にある「天は人の上に人を造らず人の下に人を造らず」という言葉はあまりにも有名であり、福沢は平等の大切さを示した人物と認識している人も多いことでしょう。この解釈はもちろん間違っていませんが、福沢についてもう少し踏み込んで評価すれば、前近代的な社会を排し、近代合理主義的な経済活動を推奨した人物ということになると思います。

『学問のすすめ』についても、経済活動の近代化という視点で眺めると多くの有益な指摘があり、しかも、そのほとんどが今の時代になっても十分に達成されていないという現実を思い知らされます。

福沢は、「人には各意思あり。意思は以て事を為すの志を立つべし」（『学問のすすめ』）として、近代社会の運営において、自由意思というものがいかに大事なのか力説しています。福沢は、人間社会で起きる出来事に偶然というものはなく、良いことも悪いこともすべて人の意思が作り出すものであるとも述べています。

この理屈からすると、周囲の雰囲気やその場の空気に流されて決断するというのは、近代人としてあってはならない行為ということになるでしょう。福沢がわざわざこの問題を力説しているのは、構成員に明確な意思というものがなく、その場の雰囲気や上下関係で物事が決まる前近代的なムラ社会が、経済にとって大きなマイナスであることを強く認識していたからです。

その上で福沢は、「人たる者は他人の権義を妨げざれば、自由自在に己が身体を用るの理あり」（同書）として、他人の権利を侵害しなければ行動はすべて自由であるとしました。そして、「人たる者は理非に拘らず他人の心に従て事を為すものなり、我了簡を出すは宜しからず」（同書）という意見について強く否定しています。

これは少し分かりにくい文章ですが、自分の意見を押し通すべきではない（つまり周囲に忖度すべきだ）という考え方はおかしいと述べているのです。他人に忖度したり、まして空気に忖度するというのは前近代社会の生き方であり、近代社会ではあってはならないということです。

福沢は別の章でも、自由意思が尊重されず上下関係などの暴力的な関係性によって物事が決まる前近代社会を強く批判しています。しかも、こうした前近代社会では、暴力的な上下関係を強要している本人に悪気はなく、むしろ善意でこうした行動を取っているという歪んだ状況についても鋭く指摘しています。

福沢は前近代的な社会について「只管《ひたすら》目上の人の命に従て、かりそめにも自分の了簡を出さしめず、目上の人は大抵自分に覚えたる手心にて、よきやうに取計ひ、一国の政事も、一村の支配も、店の始末も、家の世帯も、上下心を一にして、恰も世の中の人間交際を親子の間柄の如くに為さんとする趣意なり」(同書)と述べています。

立場が上の人間が、自分の経験をもとに、下の人に対していいように取り計らい、上の人と下の人が心をひとつにすれば世の中はうまく回る、という考え方は、結局は立場が上の人の利益を確保することが目的です。福沢はこうした概念が家庭はもとより、店(企業)、村(自治体)、さらには一国の政治にまでも及んでいるとして憂慮しています。

この話は現代日本にも完璧にあてはまるといってよいでしょう。

「社員は家族だ」と言いながら、無制限のサービス残業を強要したり、愛情と称して壮絶な暴力(体罰)を振るったりするケースは後を絶ちません。政府は、「お願い」という形で事実上の強制を行ってきましたし、東京オリンピックでは、国家のためと称して、一部の人が自分に都合がいいように物事を決断していました。

福沢は、個人と企業、あるいは国民と国家というのは独立した他人同士の付き合いであり、家族のような関係であってはならないとしています。「他人と他人との附合には情実を用ゆ可らず、必ず規則約束なる者を作り、互に之を守て厘毛の差を争ひ、双方共に却って円く治るものにて、此乃《これすなわ》ち国法の起こりし由縁なり」(同書)。

つまり国民と国家というのは他人の関係なので、間違っても情緒などを持ち出してはダメであり、必ず規則や約束を作り、互いに主張をぶつけ合うことで最終的には妥協点が得られるという考え方です。そして国の法律というのも、このような価値観に基づいて作るべきだと主張しています。

福沢は日本と中国を比較し、中国は近代化が進んでいないとしており、日本の方が優位な立場にあると考えました。日本は中途半端とはいえ、先に近代化に成功し、中国に対してリードできたのは事実といってよいでしょう。ところが、近年における日本の風潮は昔の時代に逆戻りしているように見えます。近代化を先に実現したという、アジア地域における圧倒的なアドバンテージを自ら放棄することほど馬鹿げた行為はありません。

個人と国家、あるいは個人と組織の関係に加えて、役職（職分）の違いと身分（名分）の違いについても、福沢は口酸っぱく指摘しています。役職というのは、機能としての立場であって絶対的な立場ではありません。全人格的に上司がエライ、政治家がエライ、公務員がエライということはあり得ないのです。あくまでも役職として権限を持っているだけであることを徹底しなければ近代社会は成立しません。

「虚名とあれば上下貴賤、悉皆《しっかい》無用のものなれども、この虚飾の名目と実の職分とを入替にして、職分をさえ守れば此名分も差支あることなし」（同書）。つまり、中身のない上下関係はまったく無意味ですが、役職とそれに伴う責任というものを徹底すれば、しっかりと社会は機能するということです。

高い役職についている人は、組織に対して指示する権利を持ちますが、それは全人格的なものではなく、あくまで機能としてリーダーの役割を果たしているに過ぎません。

当然ですが、高い役職者には相応の責任が生じますから、結果が伴わなかった時には、自らの責任を示すことが義務となります。高い役職についている人には、通常、高額の報酬が与えられますが、それは責任が伴う仕事を遂行した対価として支払われるものであり、身分が高いことに対して支払われているものではないのです。

しかし、前近代的な風習が色濃く残る日本では、役職者の高額報酬は、責任を果たす対価としてではなく、その地位に対して与えられていると勘違いしている人が大勢います。また、役職者が全人格的にエライという感覚も根強く、むしろ立場が上になるほど責任を果たさなくてよいと考えているフシもあります。

また、政権幹部の言動を見ると、「責任ある行動」というのは、成果を上げることではなく、政権の馬鹿げた決断や組織の問題をすべて肯定し、反対意見を退け、正しいことをやっていると強引に主張することを指しているように見えます。

つまりムラ社会における秩序維持が最優先であり、これに沿って動く人を責任感のある人と認識している可能性が高いのです。

本書で何度も指摘した通り、オリンピックに関連して多くのキーパーソンが辞任しましたが、彼等に対して政府関係者から擁護する発言が相次いだことについて、多くの人が不信感を抱いたと思います。しかし、日本が前近代的なムラ社会であることを前提にすれば、この話も当然かもしれません。辞任したキーパーソンに対して、政府関係者が本気で責任感のある人物だと考えていた可能性は高いでしょう。

こうした前近代社会の枠組みは、その地位にいる人に対して確実に「甘え」を生じさせます。組織のリーダーとなる人が、周囲に甘えた状態で正しい決断ができるはずがありません。こうした甘えが組織にもたらす弊害について鋭く指摘したのが、精神科医である土居健郎による『「甘え」の構造』（1971年）です。

いまの日本にはびこる前近代的「甘え」の構造

土居は、日本人には他人に依存し、甘えたいという性質があるとしており、分かりやすい例として、本人が米国で体験した出来事について冒頭に記しています。

米国の大学で学ぶため渡米した土居は知人宅で、アイスクリームがあるが、食べますかと聞かれ、本当は食べたかったにもかかわらず、お腹はすいていないと答えてしまいました。相手はアイスクリームを出してくれず、「お腹がすいていると答えればよかったと内心くやしく思ったことを記憶している」(『「甘え」の構造』)と述べています。

こうした行為は見方によっては、控え目で慎ましやかということになるのかもしれませんが、実際には相手に対して「私がアイスを食べたいということを忖度して欲しい」あるいは「欲しいと言わなくても察して出して欲しい」と要求しているとも解釈できます。

土居は、こうした日本人の心理に「甘え」の構造が見て取れると指摘しています。事実上は相手に対して自身への忖度や敬意を要求しているのですが、あくまでやって欲しいというお願いの形で本人の中では処理されています。

このメカニズムは日本政府が近年、乱発している「お願い」という名の強制を見れば一目瞭然ですが、これ以外にも「甘え」の構造は、日本社会の至るところで見つけ出すことができます。

コロナ危機以前、日本政府は経済を活性化させるため、大量の外国人観光客を日本に呼び込むというインバウンド戦略を立案し、「おもてなし」が合い言葉となりました。しかし日本流のおもてなしは、あまり成功したとは言えません。一部の外国人観光客には好評でしたが、日本旅館などにおいては、サービスがあまりにも画一的であるとして高い評価が得られず、日本政府が旅館業界に改善を求めるという異例の事態となりました。

政府が指摘していたのは、食事に選択肢がなく、しかも決まった時間にしか食事が出されないといった旅館のサービス内容についてなのですが、この事例は、日本人特有の精神構造を如実に示しているといってよいでしょう。

日本流のおもてなしというのは確かにすばらしいものですが、一方で相手には選択肢がないことがほとんどです。しかも相手に対して「すばらしいですね」「感動しました」と言って欲しいという感覚が強く出ており、おもてなしをしている当人たちにはその意識がありません。相手が何を求めているのかという視点は残念ながら存在していないのです。

案の定、旅館のサービス内容の見直しについてニュースで報じられるとネット上では「日本が嫌なら来るな」といった批判の声が溢れかえっていました。

この話は本音とタテマエの話にも似ています。

会社の飲み会で新人に対して「忌憚《きたん》のない意見を言って欲しい」と上司が言い、新人が「残業を減らして欲しい」と言うと、「何を生意気なことを言っているのだ」と怒られるといった具合です。つまり上司は無自覚的に部下に対して自分を忖度し、わきまえた態度を取って欲しいと考えているということであり、これは部下に対する「甘え」ということになるでしょう。「女性はわきまえていない」と言って辞任に追い込まれた森氏はまさにこのケースに該当します。つまり「甘え」という構造が本音とタテマエの乖離《かいり》をもたらしているのです。

「甘え」の構造は日本人の人間関係に極めて重大な影響を及ぼしています。

相互に甘えるという関係がもっとも成立しやすいのは親子や家族ですが、土居は、日本人は家族以外の人間に対しても、「甘え」の度合いで距離をはかる傾向があると分析しています。そして、すべての人間関係に対して、家族的な「甘え」を求めており、これが社会の基本的な仕組みを形づくっていると考えます。

その結果、「甘え」が通用する「内」と「外」が明確に区分され、身内に甘える傾向が強い人ほど、内側の世界ではわがままになります。一方、外の世界に対しては、完全に他人という認識となり、相手が弱いと見るや傍若無人な振る舞いに及びます。逆に外の世界が自分よりも強かった場合には行動はまったく逆になり、相手に媚びたり、へつらったりするなど、取り入るような態度が顕著となるわけです。

日本では公私混同が激しく、力のある人は組織を私物化すると言われていますが、土居はこの問題について公私の区別と内外の区別の違いであると説明しました。

日本人は内外の区別ははっきり付けますが、身内であると判断されれば、そこには公私の区別はなくなります。日本において公私混同が横行するのはむしろ当然の結果であるという分析です。

甘えという観点で日本社会を分析した土居の見解は、基本的に、第2章で解説したゲマインシャフトと同じであることがお分かりいただけると思います。夏目漱石らが直面した前近代社会と近代的自我の相克も、このテーマと密接に関係していますし、福沢諭吉が批判している前近代社会はまさに、「甘え」が許される社会です。

実際、土居は本書でテンニースについても言及しており、日本社会は多分にゲマインシャフト的であり、それが「甘え」の構造を誘発していると結論付けました。結局のところ、本章で取り上げた知識人は、切り口こそ異なりますが、皆、同じテーマについて同じ問題意識を持っていたことが分かります。結局のところ、すべては地下茎のようにつながっているのです。

丸山論文に集約された日本近代化の諸問題

これまで取り上げてきた一連のテーマをより包括的、学術的に取り上げ、日本社会の構造を鋭く描き出したのが政治学者の丸山眞男です。

丸山は、１９４６年に岩波書店の『世界』に「超国家主義の論理と心理」という論文を掲載し、一躍、時代の寵児となりました。丸山は戦後の左翼論壇のスターでしたから、今の時代の人にとっては党派色のある人物という印象が強いかもしれません。しかし丸山はもともと日本における資本主義の本質に関する一大論争であった「日本資本主義論争」から強い影響を受けた学者であり、彼の主張の本質は、日本社会における近代化の是非です。党派色を取り払って丸山の主張を分析すると、これまで本書で議論してきたテーマのほぼすべてが集約されていることが分かります。

丸山が影響を受けた日本資本主義論争というのは、１９２０年代から30年代にかけて行われたマルクス主義経済学者らによる激しい論争です。筆者はマルクス主義についてまったく賛同していませんし、旧ソ連は崩壊、中国はもはやマルクス主義とは言えない国家体制ですから、この思想は現実社会においてはほぼ消滅したと考えてよいでしょう。

しかしながら資本主義の本質は何か、経済の本質は何かということについて考えるにあたってマルクス主義を避けて通ることはできません。

マルクス主義の基本となる概念は弁証法と唯物論です。

弁証法はドイツの哲学者ヘーゲルが確立した概念で、ある命題が否定や対立という過程を経て新しい命題に到達し、そこから再び否定や対立を繰り返すというプロセスを指しています。つまり、世の中には最初から絶対的に正しい物事というのは存在せず、意見がぶつかり合いながら、正しい方向に向かって進んでいくという価値観です。人間の思想は進化するという考え方ですから、弁証法においては、未来に向けた明確な時間軸というものが存在します。

唯物論というのは、人間の本質に関する考え方のひとつです。

人は、環境や経験で変わるものなのか、それとも、そうしたものを超えた普遍的な価値観を持っているのかという問題は、太古の昔から論争になっていました。哲学の世界では、唯物論と観念論（あるいは唯心論）という対立軸が存在しており、これは、人間の世界というものが、精神によって形づくられているのか、物質によって形づくられているのかという論争です。

観念論は先に精神があると考え、一方の唯物論では、先に物質的環境があり、その影響で精神が形成されると考えます。

観念論を代表する考え方が、ギリシャの哲学者プラトンが提唱したイデア論です。イデアは究極的な存在のことを指す言葉で、イデア論では私たちが認識している現実は、それより下位にあるものと考えます。

一方、マルクスは人の精神は物質的な環境で形成されるという唯物論に着目し、この考え方と弁証法を組み合わせ（唯物弁証法）、あらたにマルクス主義哲学を構築しました。マルクスによれば、人の思想や社会というのは、産業や技術、経済といった物質的環境（いわゆる下部構造）から影響を受け、相互の矛盾や対立を繰り返しながら、最適な形に進化していきます。そしてその最終形態が、全員が自発的に資源を配分し、最適な業務に従事する共産国家ということになります。

ここで重要なのは、様々な対立を経て最適な形に進化していくという弁証法的な思考です。マルクスは封建的な前近代社会が近代化を実現し、それによって資本家による独占と労働者に対する支配が始まると考えました。そして、資本家と労働者の階級闘争の結果、労働者による独裁（プロレタリアート独裁）が実現し、社会主義国家の成立を経て、最終的には共産国家に至るという流れが成立します。

つまり社会主義革命を実現するためには、まずは社会の近代化が行われ、資本家による独占が進む必要があります。逆に言えば前近代社会において、社会主義革命は成立しないとの解釈になるわけです。

ここで困ってしまったのが日本です。

日本は明治維新を行いましたが、本章で取り上げたように、当時から日本の近代化は不完全ではないのかという指摘が数多く出されていました。もし日本が前近代的な封建社会のままなのだとすると、革命どころではなくなり、まずは近代化からやり直さなければならないという話になってしまいます。

日本は前近代社会のままであり、まずは近代化が必要という主張を行っていたのが講座派と呼ばれる人たちで、一方の労農派と呼ばれる人たちは、日本はすでに近代化を達成しているのですぐにでも革命が実行できると主張していました。この対立のことを日本資本主義論争と呼びますが、丸山は、日本はまだ近代化を実現できていないとする講座派から強い影響を受けました。

終戦当時、太平洋戦争で跳梁跋扈《ちょうりょうばっこ》した全体主義は国家主義が行き過ぎたもの（超国家主義）であると指摘されていましたが、丸山はそれを全否定します。日本はそもそも近代化を実現していないので、国家主義自体が存在しなかったと主張したのです。

国家という概念が明確になったのは近代以降ですし、近代国家が持つ権力というのは、国民の外面的な行動を縛るものであって、その内面を支配するものではないというのが基本原則です。

しかし日本では、個人の内面や道徳といった部分と権力の関係は曖昧なままであり、「国家的秩序の形式的性格が自覚されない場合は凡そ国家秩序によって補足されない私的領域というものは本来一切存在しない」（『超国家主義の論理と心理』）という状況が続いてきました。結果として「我が国では私的なものが端的に私的なものとして承認されたことが未だ嘗てないのである」（同書）と丸山は述べています。

こうした社会では、「法は（中略）治者と被治者を共に制約するとは考えられないで、（中略）権威のヒエラルキーに於ける具体的支配の手段に過ぎない。だから遵法ということはもっぱら下のものへの要請」（同書）になってしまうのです。

しっかりとした近代社会が成立していないのであれば、政治のリーダーシップや責任も曖昧になります。丸山は戦争中の指導者の一人であった東条英機元首相についても、その場の雰囲気で強い力を持っただけであり、近代国家の枠組みにおける独裁者とは呼べないと指摘しました。

プライベートとパブリックが曖昧、法が政府と国民の両方を縛るのではなく、立場が下の人に命令する手段として機能する、総理大臣であってもリーダーシップを発揮できず、周囲の声や雰囲気で物事が決まる、といった一連の丸山の主張は、本章で取り上げたすべての事例に共通するものといってよいでしょう。

本章では、複数の人物や作品を通じて、日本の近代化の問題を取り上げてきましたが、同じ議論が何度も繰り返され、そして事態がまったく改善されないという現実についてご理解いただけたのではないかと思います。

第6章

本当の日本文化を取り戻せば
消費は拡大できる

日本は戦前と同じ道筋を辿っている

本書では、日本人特有のマインドが消費に深刻な影響を与えており、これがバブル崩壊以降のゼロ成長の要因になっているという現実について解説してきました。

日本人のマインドが経済成長に影響を与えるのなら、昭和の高度成長はなぜ実現したのかという疑問については、第3章で解説したように輸出主導型から消費主導型へのシフトという経済構造の変化が説明してくれます。

戦後の日本経済は基本的に輸出主導型経済であり、この経済構造においては外需が成長のエンジンとなっていました。経済学的に言うと外需というのは日本国内の状況とは無関係に決定されますから、日本人のマインドがどうあれ、外需をうまく取り込めば経済は成長していきます。ところが消費主導型経済はそうはいきません。

残念なことに、日本の製造業はバブル崩壊以降、基本戦略を誤り、国際競争力を一気に低下させてしまいました。このため日本は輸出主導型で経済を成長させることができなくなってしまったのです。しかしながら筆者はこうした状況について、それほど悪いことだとは考えていません。なぜならば、世界をリードしていた製造業の国が後発の新興国に追い付かれて競争力を失うというのはよくある出来事であり、英国や米国も同じ失敗を経験しているからです。

十分に豊かになった先進国は、仮に製造業の競争力が低下しても、国内消費を活発にすることで消費主導型経済に転換し、引き続き成長を維持することができます。英国も米国も製造業の衰退後もまったく問題なく成長できているのですが、どういうわけか、日本だけが内需で成長できないという状態が続いているのです。

内需経済を活発にするためには個人消費を増やす必要があります。しかし個人消費というのは、第4章で解説したように、消費者心理に左右されるものであり、その経済圏の住民がどのようなマインドを持っているのかで水準は大きく変わります。他人の足を引っ張る人が多い、あるいは上下関係が異様に厳しいなど、不寛容な社会では基本的に消費は伸びません。これが日本経済が成長できなくなっている理由のひとつです。

実は日本がこうした状況に陥るのは今回が初めてではありません。歴史を振り返ると、戦前の日本は今とまったく同じ道筋を辿っていることが分かります。戦前の日本も当初は製造業の輸出で経済を成り立たせ、その後、消費主導型経済への移行が模索されましたが、うまくいかず、結局はデフレ経済に陥り、最後は無謀な戦争によって経済を破綻させるという結果に終わりました。

明治初期における日本経済の成長エンジンとなったのは、繊維製品の輸出でした。生糸を中心とする一次産品を欧米に輸出して外貨を獲得し、これを国内の設備投資に充当していたのです。繊維は戦前の日本における基幹産業であり、戦後にあてはめれば船舶や自動車あるいは半導体に相当するものです。紡績会社トップだったカネボウ（鐘淵紡績）は、戦前は超のつく一流会社であり、株式市場における時価総額も圧倒的な水準でした。

明治初期は国内で生産できる生糸の輸出が中心でしたが、その後はインドなどから綿花を輸入するようになり、いわゆる加工貿易の形態にシフト。輸出品目も最終製品など付加価値の高い商品の比率が上昇していきました。

大正時代に入ると国民の所得が向上し、内需経済が活発になってきます。

第一次大戦では日本は戦争の影響を直接受けず、逆に戦禍による欧州の生産力低下を受けて日本企業には注文が殺到。株価が異様なまでに高騰するいわゆるバブル経済を経験することになりました。当時の新聞などを見ると、多くの人が株式投資に夢中になっており、まさに80年代バブルを彷彿とさせます。輸出主導型経済が大きな成果を上げ、消費が拡大してバブルになるという流れは、第二次大戦後の日本経済とそっくりです。

しかしながら、この浮かれたバブル経済も第一次大戦の終了とともに崩壊します。株価は暴落して景気は一気に冷え込み、物価が大幅に下落するという底なし沼のデフレ経済に突入しました。バブル崩壊から長期デフレという流れも90年代の日本とまったく同じであることがお分かりいただけると思います。

では、大正バブルの崩壊によってデフレ経済に突入した戦前の日本はどうなったのでしょうか。その後に発生した世界恐慌で日本経済はさらに壊滅的な打撃を受け、軍部が台頭。自由主義経済は否定され、全体主義的な統制経済がスタートします。最終的には国家総動員法が制定され、社会主義国家のような完全統制経済にシフトすることになりました。

金融政策的には、政府が発行した国債を日銀が直接引き受けることで市場に大量のマネーが供給され、インフレが進行。最終的には太平洋戦争の敗北をきっかけにハイパー・インフレとなり、日本経済は完全に破綻しました。

明治から大正にかけての日本経済と戦後の日本経済の推移が極めてよく似ているという現実を考えると、デフレによる不況からいかに脱出できるのかがカギを握ることが分かります。戦前の日本は大正バブルの崩壊によって発生した不況とデフレに対して、「贅沢は敵だ」「欧米流の文化はケシカラン」といった形で抑圧を強め、統制経済で乗り切ろうとしましたが、無謀な戦争遂行とそれに伴う過度な放漫財政によって、一連の政策は完全に破綻しました。

この失敗を繰り返さないためには、状況がこれ以上、悪化しないうちに、何としても消費主導型経済を軌道に乗せ、消費の拡大による経済成長を実現しなければなりません。そしてそのカギを握っているのが日本人のマインドであることは本書において繰り返し主張してきた通りです。

外国の良い所を謙虚に取り入れるのが本来の日本文化

本書では日本人は意地悪で不寛容であると指摘してきましたが、それは日本人が本質的に性格が悪いからではありません。日本の社会システムは表面的には近代化を達成したものの、前近代的ムラ社会の要素を多分に残しており、それがこうしたマインドを誘発していると考えられます。前近代的ムラ社会の生産性は低く、富は有限ですから、社会は不寛容にならざるを得ないのです。

近代的な資本主義社会ではイノベーションによって富を持続的に拡大することができます。したがって、わずかな富を皆が奪い合う必要はありません。経済のパイ全体を拡大していけばたいていの問題は解決します。しかしながら「近代的な社会を構築する」というのは抽象的な概念であり、具体的にどうすればよいのか分かりにくいかもしれません。このような時には、まずは形を整えることが大事ではないかと筆者は考えます。

近代化とは何かということを複雑に考える前に、近代化を達成していると思われる社会を参考に、効果があることが分かっている制度をまずは取り入れてみるのです。このやり方は実は明治維新における文明開化や戦後日本の欧米化と大きく変わるものではありません。難しいことは考えず、うまくいっている例があるのなら、その「良い部分」を素直に取り入れるという方法論です。

実は日本は太古の昔から、外国の良いところを取り入れて自国を発展させてきました。日本文化の基礎を形づくったのは、飛鳥時代や奈良時代に取り入れた中国文化であることは説明するまでもないでしょう。

明治初期や戦後の日本は、中国ではなく欧米から先進的な文化や技術を導入することで、豊かさを実現してきましたし、今でもその方法は有用だと筆者は考えます。大正以降の日本や平成以降の日本がうまくいかなくなった最大の理由は、外国の良いところを取り入れるという初心を忘れてしまったことに尽きると思います。

明治時代から大正時代にかけて、日本は急激に豊かになりましたが、日露戦争の勝利をきっかけに、国内ではいわゆる「ニッポンスゴイ論」が急激に台頭するようになりました。その結果、日本人は傲慢になり、良いところを積極的に取り入れるという、本来の長所を失ってしまいました。

ちなみに第5章で取り上げた夏目漱石は、1911年に行った講演において手厳しい指摘をしています。

漱石はまず、日本の近代化について「我々の遣ってゐる事は内発的でない、外発的である」(『現代日本の開化』)と分析します。そして、「複雑な問題に對してさう過激の言葉は慎まなければ悪いが」(同書)と前置きした上で、「現代日本の開化は皮相上滑りの開化であると云ふ事に帰着するのである」(同書)と論じました。日本の近代化は内面的なものではなく、表面的なものに過ぎないことを自覚すべきだという主張です。

しかし大事なのはその後に続く言葉です。西欧の真似事であるからといって、日本が前近代的社会に戻ることはあってはならないと漱石は考えており、「事実已むを得ない、涙を呑んで上滑りに滑っていかなければならない」(同書)と非常に現実的な提言を行っています。

日本は近代化という変化をうまく消化できていないが、それでも、その現実を分かった上で、欧米の良いところを取り入れて近代化を進めていく必要があるという主張です。当時、台頭しつつあったニッポンスゴイ論に対しては、「外国人に対して乃公《おれ》の国には富士山があるというような馬鹿は今日はあまり云わないようだが、戦争以後一等国になったんだという高慢な声は随所に聞くようである」(同書)と厳しく戒めました。

欧米列強の実力を甘く見ない方がよいという慎重な意見に対して、日本は日露戦争に勝利した一等国であり、欧米の言うことなど聞く必要はない、といった強硬論が台頭していることを危惧した発言ですが、これは、今の時代にあてはめれば、過度に中国や韓国を見下す議論や、日本はいまだに世界トップの豊かな先進国であると声高に主張する議論と同じものと考えてよいでしょう。

現在の中国は経済的にも技術的にも相当な水準を達成しており、日本にとって大きな脅威になっているのは紛れもない事実です。

しかし一部の論者はいまだに「中国は後進国だ」と言って、日本を脅かしている現実を見ようとしません。また日本の経済力は明らかに低下しており、平均賃金ではすでに韓国にも抜かされていますが、やはり一部世論はその現実を認めようとしません。当時も今も同じような思考回路が働いていることが分かります。

日本は太平洋戦争の敗北という、言い訳のできない大失態を演じたことで、終戦を経てようやく、かつての日本人が持っていた謙虚さが復活しました。

トヨタ自動車は、自社の技術が欧米各社よりも遅れていることを誰よりも理解しており、米ゼネラルモーターズ（GM）の車両を分解し、どのようにして高品質なクルマを作っているのか徹底的に研究しました。良い意味での模倣を繰り返し、学ぶべき点はすべて取り入れたことによって、今のトヨタの品質が作り上げられました。

半導体も米国で開発された製品ですから、当初、日本メーカーは謙虚に米国製品に学び、安価で品質の高い半導体が製造できるよう努力を重ねました。戦後の奇跡的な成長は外需という特殊要因が大きく影響はしましたが、こうした謙虚さが原動力になっていた面があるのは間違いありません。

ところが豊かさが頂点に達した80年代に入ると、大正時代と同様、自国の経済や技術を過信する風潮が強くなり、国際競争力を低下させてきたことは本書で解説した通りです。日本人はもう一度、初心に返って、諸外国の良いところは謙虚にかつ積極的に取り入れる努力が必要だと思います。

そのために重要となる視点は以下の3つであると筆者は考えます。

①データと科学を重視するリアリズム
②個人と企業の自由を保障
③根源的な理念や価値観の共有（やって良いことと悪いこと）

この3つについてもう少し詳しく説明していきましょう。

太平洋戦争では、国力が日本の10倍以上もある米国と全面戦争を行うという愚かな決断を下しましたが、そうした決断を導き出す原動力となったのは、山本七平が指摘した「空気」にほかなりません。

コロナ危機における政府の迷走にもまったく同じメカニズムが作用していますから、戦後70年以上が経過しても、日本社会はやはり何も変わっていないと考えた方がよいでしょう。こうした前近代的な風潮を排除し、謙虚な社会を取り戻すためには、やはりデータと科学の力が不可欠です。

科学を忌避する日本社会

日本は明治維新によって見かけ上は近代化を実現したことになっていますが、夏目漱石も指摘しているように、表面的に制度を真似ただけの部分も多く、内実が伴っているとは言い難い面があります。そして、こうした表面と内実のギャップが顕著に表れるのが国家や企業の意思決定です。

国家であれ企業であれ、近代的な組織において意思決定の基礎となるのは、データや自然科学（サイエンス）を土台とした客観的な状況分析です。

マクロ的なデータというのは恐ろしいもので、細部にわたって100％正確とは限りませんが、正しく扱いさえすれば、大まかな方向性についてほとんど間違うことはありません。筆者は数年前から日本の賃金や購買力が下がっており、貧困が拡大しているという主張を行ってきました。当初、筆者は凄まじいまでの誹謗中傷を受けましたが、筆者をバッシングしたところで現実が変わるわけではありません。筆者は感覚で主張しているのではなく、すべてデータに基づいた分析を行っています。結局のところ社会の変化は数字になって表れますから、データは決してウソをつかないのです。

ところがコロナ危機では、データと自然科学を重視するという基本原則がことごとく無視される結果となりました。

近代組織においては、科学的なデータ収集や分析は「専門家」が行い、「リーダー」はそこから得られた知見を元に最終的に決断を下すという明確な役割分担が確立しています。そしてデータの収集と分析はすべての基本であり、この行為が制限されることはあってはなりません（仮にリソースが足りない場合でも、可能な限り最優先すべき事項と考えるべきでしょう）。

近代組織ではラインとスタッフが明確に区分されていますが、データを分析し判断材料を提供するのはスタッフの仕事です。一方、その情報を元に決断を下し、指揮命令系統を動かすのはラインの役目であり、ラインのトップに立つ人をリーダーと呼びます。

ところが、日本の組織ではスタッフとラインの関係が曖昧であることが多く、近代合理主義に基づいた組織運営が無視されるケースが後を絶ちません。どの役職がスタッフなのか、あるいはラインなのか認識できていない人も多いのではないでしょうか。

状況分析を行うスタッフは、純粋に科学的知見に基づいて分析を行えばよく、その結果について周囲を忖度する必要はありませんし、ラインの人間がスタッフに圧力をかけて結果を変えさせるなどということも絶対にあってはなりません。そしてどんな決断であれ、その結果責任はすべてリーダーが負うことになります（そうだからこそリーダーの社会的地位は高いのです）。

加えて言うと、近代科学というのは予言や魔術ではありませんから、将来の出来事を言い当てる必要もありません。前提条件を設定し、モデルを使って予想を行うのが専門家の仕事であり、結果が予想と違っていた場合には、どのパラメーター（変数）の設定を変えればよいのか、モデルのどの部分を修正すればよいのか突き止めるところまでが責任範囲です。日本では、悲観的なシナリオを提示したり、間違った結果を示した専門家をバッシングする人が後を絶ちませんが、これは近代合理主義や自然科学を理解していない野蛮な行為といってよいでしょう。

ちなみに近代以前の社会では、科学と魔術は区別されておらず、物理的にできないことができるとされたり、逆に実現可能なことであっても、不吉だ（あるいは不安を煽る）といった理由で拒絶されることが普通にありました。つまり自然現象と人間の感情が区別できず、自然現象の分析にも意思や情緒が入り込んでしまうのが前近代社会の特徴です。

近代科学の基礎を作ったニュートン力学では、なぜ重力があるのかという根本的な問いには答えていません。物理学の教科書を見れば一目瞭然ですが、質量を持つ物質には重力という力が存在することを前提に、質量を持つ物質同士の力学的な関係を数式で示しただけです。ところが、この方法論が極めて重要な思考の転換点となりました。

数式を使った客観的な関係性の提示に専念することによって、情緒が入り込む余地を排除することに成功したのです。この画期的な業績によって魔術や予言と科学が完璧に峻別できるようになり、社会の近代化を推し進める原動力となりました。

筆者の大学の専攻は原子力工学だったので、自然科学に関しては一通りの基礎教育を受けてきました。まずは対象を観察し、普遍的な関係性や法則性を見出すという科学的思考プロセスは、自然科学の教育を受けた人間にとっては至極当然のことなのですが、日本ではこうした常識が通用しないことが多々あります。

福島第一原発の事故やコロナ危機では、対象の観察を抑制すべきであるという奇妙な意見が出てきたり、数字や数式ではなく「言葉」で解釈するという手法が横行しました。

断定は避けますが、日本の社会風潮には「悪いことを口にするとそれが実現するので口にしてはいけない」あるいは「不都合な真実に遭遇した場合には、正反対の言葉を声高に叫び、なかったことにする」という、ある種の「言霊《ことだま》信仰」が関係している可能性があります。もし、そうだとすると、この概念は近代国家あるいは近代社会とは到底、相容れないものです。

本書で何度も指摘してきたように、前近代的なムラ社会では、たいていの場合、合理主義とは正反対のプロセスで意思決定が行われます。集団を構成するメンバー同士の上下関係や情緒、あるいはその場の雰囲気が最優先されるので、科学的な知見が無視されたり、相互矛盾の状態が維持されたりするわけです。

欧米各国もローマ帝国崩壊以降、中世の時代までは、似たような意思決定が行われており、ルネサンスをきっかけに一気に開花した近代化の動きは、こうした知性なき社会に対する反発と考えてよいでしょう（欧米人が中世のことを自虐的に暗黒時代と呼ぶのはこれが理由です）。

日本も明治維新以後、日清戦争や日露戦争のように徹底した合理主義で決断が行われ、成功したケースもあるのですが、これは近代合理主義というよりも、維新という壮絶な権力闘争を勝ち抜いたリーダーの才能に依存する面が大きかったと考えられます。

近代的システムというのは、特定の個人の才能だけに依存するものであってはならず、仕組みとして合理的な意思決定ができなければ意味がありません。

自由な活動の保障が経済復活のカギ

科学とデータの重視が徹底されるようになれば、おのずと合理的な判断も可能になります。合理的な知性に基づいて消費経済を活発化させるためにはどうすればよいかと考えた時、有力な解決策のひとつとなるのが、個人と企業における自由な活動をルールとして保障することです。

日本では、空気や雰囲気というものが大きな影響力を持ち、個人の自由が完全に保障されているとは言い難い面があります。これは日本社会の前近代性に起因する問題ですから、解決は簡単ではありませんが、政府は（何か問題が発生しない限り）個人や企業の活動に介入しないというルールを徹底するだけでも大きな効果があると思います。

日本では、新しいテクノロジーが登場しても、否定が先に立ち、まずは使ってみようというスタンスにならないことがほとんどです。輸出主導型経済の時代までは、外国が求めるモノをそのまま作ればよかったので、大きな問題は発生しませんでした。しかし、消費主導型経済では、新しいテクノロジーは自国で開花させ、自国経済で使わなければ意味がありません。ドローンという有力な分野において、日本が完全敗北したケースは第1章で解説した通りです。

資本主義社会・民主主義社会における「個人や企業の行動は自由であるべきだ」という命題は、憲法や法律の上位に位置する根本的な価値観です。英米法でいえば自然法あるいはそれから派生する自然権ということになりますから、政府がこれを制限する場合には、十分な議論を行い民主的な手続きを踏まなければなりません。

自由な経済活動を阻害する可能性のある法律は違憲であることはもちろん、自然権にも反する可能性がありますから、「法律にそう書いてあるから禁止」というのは民主国家においては危険な考え方と言えます。根本的な価値観に照らして、禁止すべきなのかを常に考える必要があるわけです。

そして、自由な経済活動を保障するためには、どうしても越えなければならないカベがあります。それは空気や雰囲気に左右されない根源的な理念や価値観についてすべての国民が共有することです。自由を保障するといっても、それは何をしてもよいという意味ではありません。ごく簡単に言えば、些末な議論以前の問題として「やってよいこと」と「やってはいけないこと」の区別をしっかり付けるという話です。精神論的な話になりますが、健全な資本主義社会・民主主義社会を運営するにあたって、この概念は極めて重要だと筆者は考えます。

本書では、日本人は根源的な善悪の概念に鈍感であり、集団の秩序維持という目的に従って、その場の空気や雰囲気で善悪を判断するという特徴があるとの指摘を行ってきました。根源的な理念や価値観を持たないと、何か問題に遭遇した時に大局的な判断ができず、細かいマニュアルがないと行動できないという事態に陥ってしまいます（日本において想定外という言葉が濫用されるのもこれが原因です）。世の中のあらゆる事象に対応できるマニュアルを作っていては日が暮れてしまいますし、それを参照することは現実的に不可能です。さらに言えば、大局的な判断ができないと、時にとんでもない間違いをすることもあり得ますから、社会的リスクを増大させます。

ビジネスというのは違法かどうかが問題であって、善悪など関係ないという意見は、一見正しく思われますが、資本主義の世界ではその理屈は成立しません。

ビジネスにも根源的な善悪や倫理というものが存在しており、企業が株主の権利を侵害することや、投資家や顧客に正しい情報を開示しないことは、法律の条文以前の問題としてその責任を問われる行為です。

どこの国にも犯罪者はいるものであり、諸外国でも株主の意向を無視したり、虚偽の情報を開示する経営者はたくさん存在します。しかし彼等の多くは意図的な犯罪者であり、ルールに違反していることを強く自覚した上で行為に及んでいます。本人に明確な意思が存在していますから、発覚した場合には厳しく処罰されることに十分な社会的合理性が存在します。

一方、不正行為を行った日本の経営者の多くには、こうした明確な意図がなく、その場の雰囲気でウソをついてしまった、株主の意向を無視してしまったということがほとんどです。

中には、成果を上げなければという社内の雰囲気に押され、やむにやまれずに不正行為に至ったのであり自身に責任はないなど、意味不明の釈明をする人もいます。こうしたケースは海外ではあまり見当たらないのですが、一連の違いは、行為というものに対する根源的な価値観や善悪の有無が大きく関係していると筆者は考えます。

資本主義と倫理観は一体の関係にある

日本では、ビジネスの世界に倫理観や善悪の概念を持ち込むことは、経済活動を阻害すると考える人も多いのですが、そうではありません。それどころか、倫理観や善悪の概念は、むしろ高度な資本主義の発達にはなくてはならないものであり、これは社会学の世界ではかなり前から確立している概念と言えます。一見すると逆説的に思えるこの命題を理論化したのは、ドイツの社会学者であるマックス・ヴェーバーです。

資本主義には、皆がお金儲けに奔走しているような社会で発達しそうなイメージがあり、しばしば拝金主義と同一視されますが、実際はまったく正反対であるというのが彼の主張です。

ヴェーバーは近代資本主義の萌芽について「東洋および古代の経済学説と異なり、徹頭徹尾、資本を敵視して止まないところの経済学説が公然と行われていた領域にこれを求めねばならぬ」（『一般社会経済史要論』）と述べており、金銭欲など世俗的な欲求に対して寛容な地域（カトリック圏など）では資本主義があまり発達せず、むしろ、プロテスタントの影響が強く、禁欲的な風潮が強い地域（オランダや米国）の方が資本主義が発達しやすいと指摘しました。

つまり資本主義がうまく機能するためには「資本主義の精神」というメンタルな部分が重要であり、禁欲的な社会においてこそ、こうしたマインドが発揮されやすいという逆説的な理論です。中国は太古の昔から商売が盛んで、お金が大好きな国民性ですが、近代資本主義は発達しなかったこともこの説を裏付けています。

ヴェーバーは、宗教改革の創始者であるルターが打ち出した「天職」という概念や、同じく宗教改革で重要な役割を果たしたカルヴァンの「予定説」といった、極めて倫理的な価値観が資本主義の発達に大きな影響を与えたと主張しています。今となっては、細かい点においてヴェーバーの説は修正されている部分もありますが、資本主義の本質を突いた傑作であることに変わりありません。

当時はプロテスタンティズムという宗教概念がこうした行動様式を作り上げていたわけですが、その後、禁欲的な宗教概念は失われ、社会機構が逆に倫理的行動を要請する形になっています。ヴェーバー自身はこうした状況について「鉄の檻」（『プロテスタンティズムの倫理と資本主義の精神』）と表現しており、その将来を危惧していますが、いずれにせよ倫理観と資本主義というのはセットであり、逆に言えば、倫理観のない経済活動は到底、資本主義とは呼べません。

一部の論者は、キリスト教など明確な宗教を持たない日本人にとって根源的価値観を持つことは難しいと主張していますが、筆者はそうは思いません。

宗教を持つ一部の人にとっては異論があるかもしれませんが、宗教というのはあくまで人間の心が作り出したものです。根源的な善悪が存在すると考えているからこそ、神は根源的な善悪を人間に与えたと考えるわけですし、基本的人権が存在するという概念も、もともと人間が持っていたものです。第5章で取り上げた渋沢栄一は儒教に資本主義のモラルを求めましたが、基本的な考え方は同じだと思います。

何か問題が発生した際、○×法の第何条に抵触するしない、あるいは法律に規定がないので責任は問えないといった些末な議論で終わらせず、民主主義や資本主義の基本原則に立ち返って、その行為はどう評価されるべきなのか包括的に議論することが重要でしょう。

そして、一連の3つの課題をうまく解決することができれば、日本社会が元来、持っていた謙虚さと寛容さが復活し、消費は一気に拡大していくはずです。

おわりに

近年、日本は保守化が進んでいると言われます。しかし、メディアやネットで飛び交っている「保守」という言葉の使い方はいい加減なものであると言わざるを得ません。政治思想における保守とは元来、革命などラジカルな変革に反対するという考え方であり、もう少し幅を広げれば、従来の伝統や価値観を尊重しつつ、漸次的に変革を進める思想といってよいでしょう。

政府のやっていることを無条件に支持することや、反政府的なスタンスの人たちを罵倒することを保守と呼ぶわけではありませんし、特定の制度に過度に固執し、変化を頑なに拒絶することも、本来の意味では保守とは呼べないと思います。

しかし最近の日本には、こうした特殊な行動を保守的であるとする人たちが増えており、政治や経済の運営に大きな影響を及ぼしています。選択的夫婦別姓の議論をめぐる混乱はまさにその典型といってよいでしょう。

選択的夫婦別姓とは名称の通り、姓を選択できるという制度ですから、どちらの姓を名乗ってもよいというだけの話に過ぎません。現実問題として、結婚すれば夫の姓を名乗る女性が大半でしょうし、筆者の妻も特にこだわることなく私の姓を名乗っています。選択的夫婦別姓になれば、一定割合の人が夫の姓を名乗らなくなるだけです。しかも、女性が結婚して男性の姓を名乗るというのは、近年になって完全に定着した習慣であり、日本の伝統とは呼べません。

一部の人は選択的夫婦別姓で家族の絆が失われる、あるいは日本の伝統が破壊されると主張していますが、ほぼ100%そのようなことはないと筆者は断言できます。なぜなら、筆者が生まれた家の環境からそれを実感できるからです。

少しプライベートな話になりますが、筆者は戦国時代から続く武家の家系に生まれました。家系図もしっかり残っているので、婚姻がどのような基準で行われたのか順を追って把握することができます。

日本の歴史上、家督を相続できるのは、皇族では男女を問わない男系の子ども、貴族や士族は男系男子、商家では男系もしくは女系の子どもというのが一般的な解釈だと思います。皇族については、男系男子に限定された明治以降のごく短い時期を除くと、この決まりがずっと適用されてきましたが、商家はもちろんのこと士族の婚姻もかなり柔軟でした。戦国時代は実力主義ですから、様々な婚姻形態がありましたし、さらに遡って鎌倉時代には、北条氏の一員として源頼朝の妻となり、事実上、幕府を継承した北条政子のような人物もいます。社会が安定し嫡子優先が確立した江戸時代においても、状況次第で自由に基準が決められていたようです。

筆者の家系でも分家が家督を継いだり、養子を取ったケースが散見されます。筆者の祖母は一人娘でしたが、明治維新後ということもあり夫（祖父）は婿養子でした。つまり武家の基本原則であった嫡男優先の男系男子による継承というのは、あくまで形式に過ぎないということです。

筆者はこうした柔軟な婚姻によって筆者の家族や家系、伝統がズタズタになってしまったとは1ミリも感じていませんし、他の士族の家系も似たり寄ったりです。むしろ時代の変化に合わせて柔軟に対応してきたからこそ、500年近くにわたって家系を維持できたのだと考えています。

旧士族といっても明治維新ですべての特権を失っており、筆者の父はノンキャリアの国家公務員でしたから、筆者はごく平凡な家庭環境で育ちました。筆者は父や家督を継いだ伯父から先祖の話を聞かされることは時々あり、非常に興味深く耳を傾けはしましたが、「家」や「伝統」についての認識は、それ以上でもそれ以下でもありません。「家」や「伝統」というのは、声高に強調したり、ましてや他人に強要するものではありませんから、この程度の扱いが丁度よいのではないでしょうか。

夫婦別姓と同様、何かと風当たりが強いＬＧＢＴ（性的少数者）についても同じことが言えます。一部の論者はＬＧＢＴが美しい日本の伝統を破壊すると主張しているようですが、日本の歴史を考えればその主張は完全に間違っています。日本社会は昔から同性愛に寛容でしたし、特に武家社会において同性愛は珍しくないことだったと言われています。それは主君と側近の関係にも見て取れます。

戦国時代には、有力な大名に自身の子どもを小姓として出仕させることで一族を繁栄させるという戦略がよく用いられました。

大名家にとって実の兄弟は跡目争いの相手となるケースも多く基本的に信用できません。小姓はいわゆる学友であると同時に家族のような存在でもあり、ある意味でもっとも信頼できる相手でした。このため、成長して家督を相続すると、小姓を側近として登用するケースが多かったと言われています。

一部では主君と小姓との間に同性愛的な関係があったとも言われており（衆道《しゅどう》）、そうした記録は多数存在しています。筆者の先祖も大名家に小姓として出仕し、側近に登用されることで一族繁栄の基礎を作りました。筆者の家には主君との関係を示す記録はありませんでしたが、そうであった可能性はそれなりに高いでしょう。

先ほどの婚姻の問題と同様、ＬＧＢＴの存在が筆者の家族や家系を破壊したとは思えませんし、実際、武家社会においてそうした風習が一般的だったとすれば、むしろ性に対して寛容であるのが日本社会の伝統ではないでしょうか。

政府や権威に対する態度にも同じことが言えます。

近年、政府に対して批判的である人を攻撃したり、マイノリティに対して厳しい態度を取る人が増えており、こうした人たちの少なくない割合が自身を保守的だと考えているようです。しかしながら、保守的であることと政府やマイノリティに対するスタンスには何の関係もありません。

保守思想の源流とも言われる英国の政治思想家エドマンド・バークはアイルランド出身ですし、一貫して野党（のちの自由党）に所属しており、当時与党だったトーリー党（のちの保守党）とは相当な距離のあった人物です。

日本では自国政府が間違っていても支持するという人は18％程度しかいませんから、今のところ民主主義の精神を何とか維持しているようです。同じ質問に対して、王室を持つ民主国家であるノルウェーは16％、スウェーデンは15％、英国は20％とやはり低い水準にとどまっています（ＩＳＳＰ国際比較調査２０１３）。一方、自国が間違っていても支持するという比率が非常に高いのは、ロシアや韓国、トルコといった民主主義が未成熟な国々であり、多くが共和制で王室を持ちません。

たとえ相手が政府であっても、間違っていることは間違っていると堂々と意見表明できるのが正しい民主国家の姿と言えますが、長い伝統を持ち、王室という保守的な制度が存続する国であっても、こうした傾向はしっかりと維持されています。

加えて、北欧諸国は高福祉に代表される、いわゆるリベラルな政策で知られており、英国も一時は「ゆりかごから墓場まで」という言葉に代表されるように福祉大国でした。これらの事例は、保守的な価値観とリベラルな政策は完全に両立できることを意味しています。

一連の現実を考えると、保守思想というのは包括的で寛容なものであることが分かりますし、日本人も本来はこうした寛容な保守精神を持っていたはずです。

私たちは、日本人が育んできた伝統的な価値観をもっと尊重すべきだと思いますし、そうしたマインドを生かすことと、民主的で近代的な社会を構築することは決して矛盾しません。それが実現すれば、今よりもずっと寛容で、かつ豊かな生活を享受することができるはずです。

「自由に何らかの意味があるとするならば、それは相手が聞きたがらないことを相手に告げる権利を指すのである」（『動物農場』序文）というのは、英国の作家・ジャーナリストであるジョージ・オーウェルの名言ですが、一部の人が極端に不愉快に感じるであろう本書を商業出版できるということは、日本における言論の自由はまだ失われていない証拠だと思います。そしてこの制度は、これからも半永久的に維持していかなければなりません。

日本の近くには、基本的人権や言論の自由がまったく保障されない国がたくさん存在しており、多様性を排除しようとする一部政治家やネット民の言動を見ると、日本がこうした隣国に近づいているのではないかと思えることもあります。経済的に苦しくなっている今こそ、本来の精神力を発揮し、こうした動きを押しとどめる時ではないでしょうか。筆者は日本人の力を心から信じています。

本書は、幻冬舎の杉浦雄大さんの尽力で完成しましたが、杉浦さんには、これまで何冊も編集を担当してもらっています。この場を借りて感謝の意を表したいと思います。

加谷珪一

著者略歴

加谷珪一《かやけいいち》

経済評論家。仙台市生まれ。一九九三年東北大学工学部原子核工学科卒業後、日経BP社に記者として入社。野村證券グループの投資ファンド運用会社に転じ、企業評価や投資業務を担当。独立後は、中央省庁や政府系金融機関などに対するコンサルティング業務に従事。現在は、「ニューズウィーク日本版」や「現代ビジネス」など多くの媒体で連載を持つほか、テレビやラジオで解説者やコメンテーターを務める。

主な著書に『貧乏国ニッポン』（幻冬舎新書）、『日本は小国になるが、それは絶望ではない』（KADOKAWA）、『億万長者への道は経済学に書いてある』（クロスメディア・パブリッシング）、『感じる経済学』（SBクリエイティブ）、『日本はもはや「後進国」』（秀和システム）、『ポスト新産業革命』（CCCメディアハウス）、『戦争と経済の本質』（総合法令出版）などがある。

加谷珪一オフィシャルサイト http://k-kaya.com/

幻冬舎新書 641

国民の底意地の悪さが、日本経済低迷の元凶

二〇二二年 一 月二十五日 第一刷発行
二〇二二年十二月 五 日 第三刷発行

著者 加谷珪一
発行人 志儀保博
編集人 小木田順子
編集者 杉浦雄大

発行所 株式会社 幻冬舎
〒一五一－〇〇五一 東京都渋谷区千駄ヶ谷四－九－七
電話 〇三－五四一一－六二一一（編集）
〇三－五四一一－六二二二（営業）
公式HP https://www.gentosha.co.jp/

ブックデザイン 鈴木成一デザイン室
印刷・製本所 株式会社 光邦

検印廃止
万一、落丁乱丁のある場合は送料小社負担でお取替致します。小社宛にお送り下さい。本書の一部あるいは全部を無断で複写複製することは、法律で認められた場合を除き、著作権の侵害となります。定価はカバーに表示してあります。
©KEIICHI KAYA, GENTOSHA 2022
Printed in Japan ISBN978-4-344-98643-5 C0295
か-28-3

＊この本に関するご意見・ご感想は、左記アンケートフォームからお寄せください。
https://www.gentosha.co.jp/e/